著者：何忠伟　刘　芳

罗小红　韩　啸

北京市属高等学校高层次人才引进与培养计划项目（CIT&TCD20140314）
2013年国家自然科学基金项目（71373025）
2014年国家自然科学基金项目（71473019）
北京现代技术服务体系奶牛产业创新团队

北京奶牛养殖业水资源利用绩效研究

何忠伟　刘　芳　罗小红 等 著

中国农业出版社

图书在版编目（CIP）数据

北京奶牛养殖业水资源利用绩效研究/何忠伟等著.—北京：中国农业出版社，2016.8

ISBN 978-7-109-21801-7

Ⅰ.①北… Ⅱ.①何… Ⅲ.①乳牛—养牛业—水资源利用—研究—北京市 Ⅳ.①F326.33②TV213.9

中国版本图书馆CIP数据核字（2016）第140088号

中国农业出版社出版

（北京市朝阳区麦子店街18号楼）

（邮政编码 100125）

责任编辑 李文宾 冀 刚

中国农业出版社印刷厂印刷 新华书店北京发行所发行

2016年8月第1版 2016年8月北京第1次印刷

开本：850mm×1168mm 1/32 印张：6.875

字数：200千字

定价：28.00元

FOREWORD

前言

北京从1999年起，开始超采地下水，每年超采约5亿立方米，连年的超采造成地下水位迅速下降。截至2015年1月底，北京市平原区地下水平均埋深24.5米。而奶牛养殖业属于高耗水行业，且用水多来自地下水。因此，研究奶牛养殖业的水资源利用绩效，具有现实意义。此外，国家高度重视水资源，在2014年政府工作报告中明确指出，今后对重大规划、重大政策和重大项目需要进行水资源评价，这势必兴起对各行业水资源研究的学术热潮。本研究在此背景下，定睛于水资源研究资料较缺乏的奶牛养殖业，具有一定的前瞻性和理论意义。

本研究的核心是北京奶牛养殖业水资源利用绩效。首先，通过文献阅读、问卷调查和走访访谈等多种方式，了解北京奶牛养殖业水资源利用现状。在此基础上，选取了数据包络分析法，建立奶牛养殖业水资源利用绩效评价指标体系。其次，通过数据包络分析法的C^2R模型、BCC模型和全要素生产指数模型，依次从与全国、典型省份的对比研究，2004—2013年变化规律研究，北京43个示范奶牛养殖场的个案研究3个层次分析水资源利用绩效的综合技术效率、纯技术效率、规模效率、规模报酬特征和效率变化指数等。结果表明：北京奶牛养殖业水资源利用绩效高于全国平均水平，且其中大规模养殖场绩效最高，不过各区绩效差异较大。最后，总结了奶牛养殖场水资源利用存在的问题，并提出了相应的对策建议。

本书得到了北京市长城学者培养计划、国家自然科学基金、北京现代技术服务体系奶牛产业创新团队等项目资助。在调研与撰写过程中，得到了北京市教育委员会、北京市农村工作委员会、北京市农业局、北京市畜牧总站和各区农业部门的大力支持，也参考借鉴了许多专家的研究成果，在此表示衷心的感谢！

由于时间和水平有限，错误和不足之处在所难免，敬请大家批评与指正。

著　者

2016年1月

CONTENTS

目录

1 引　　言

1.1 研究背景、意义

水资源已经成为北京发展中的短板。2013 年，北京所占的水资源总量为 24.8 亿立方米，用水总量为 36.4 亿立方米，水资源总量仅能满足其总需求的 68.13%。人均水资源量为 118.6 立方米，人均用水量为 173.9 立方米，人均水资源量仅能满足其需求的 68.20%。地下水的使用情况就更为严峻了。北京从 1999 年起开始超采地下水，每年超采约 5 亿立方米。截至 2013 年底已超采了 50 亿～60 亿立方米，连年的超采造成地下水位迅速下降。截至 2015 年 1 月底，北京市平原区地下水平均埋深 24.5 米，与上年同期相比，地下水位下降 0.3 米，地下水储量减少 1.5 亿立方米；与超采前的 1998 年同期相比，地下水位下降 12.83 米，地下水储量减少 65 亿立方米。此外，北京地下已经形成面积约 1 000 平方公里的地下水降落漏斗区。怀柔、平谷、昌平等地的应急水源地自 2003 年建成以来，从开采初期的地下水埋深 10 米，下降到目前的 40 多米，取水能力衰减一半以上。面对严峻的水资源现状，北京依托南水北调工程，每年向北京供水 10.5 亿立方米，替代怀柔、平谷、昌平等地的应急水源地，还将替代城区的自备井，从而涵养北京的地下水。但是，水资源自然禀赋不足、严重短缺是北京需长期面对的基本市情、水情。即使南水北调江水进京，也很难彻底改变北京水资源相对短缺的定位。2014 年，习近平总书记在北京考察时指出，建设好首都，推动北京持续健康发展，需要付出长期艰苦的努力。北京地位高、体量大、实力强、变化快、素质好，是其主要特点和优势，同时不断发展的北京又面临令人揪心的很多问题。而水资源的紧张，尤其是地下水的过度开采，已然成为城市发展的重大挑战。

另外，水资源评价成为北京制定政策、方针的重要考量指标之一。2014 年，习近平总书记对保障国家水安全提出“节水优先、空间均衡、系统治理、两手发力”的战略思想。水利部开展北京水务工作专题调研，并与北京市政府形成高度共识：“以水定城、以水定地、以水定人、以水定产。”同年政府工作报告明确提出，今后对重大规划、重大政策、重大项目需要进行人口评估、交通评价和水资源评价，并研究建立与人口调控挂钩的政府投资、公共资源分配机制。

水资源的重要性日益突出，这势必掀起各行各业对水资源高效率利用的研究热情。其实，我国对水资源的研究虽然起步较晚，但是发展很快。以收录在中国知网上的文献为据，1978 年以前，研究水资源的文章仅 96 篇；1985 年为 1 049 篇，突破千篇大关；2000 年为 10 524 篇，突破万篇大关；2014 年为 42 695 篇。已有的水资源研究主要集中在水资源利用效率、水资源承载力、水资源安全问题和水资源定价理论等方面，对水资源利用绩效评价的研究较少，而对奶牛养殖业水资源利用绩效的研究更是凤毛麟角。

奶业作为畜牧业的重要组成部分，产业链长，辐射范围广，在推动畜牧业乃至农业发展、优化农业产业结构、改善城乡居民膳食结构、增加农民收入方面均发挥了重要作用。农业部奶业管理办公室主任王锋认为，我国奶业发展迎来 4 个机遇：其一是国家重视，其二是奶业属于朝阳产业，其三是科技进步为奶业提供足够支撑，其四是社会资本进入。不过，我国奶业发展也面临许多挑战，如奶牛养殖业是一个高耗水的行业，且对地下水依赖度高。

面对机遇，北京作为奶牛养殖优势区之一，且科研资源丰富，应该在全国发挥示范作用，更应该承担起探索生态、绿色、可持续养殖模式的重任，要为其他地区奶牛养殖做环保节水的榜样。

正是在这样的背景下，本研究确定了对北京奶牛养殖业水资源利用绩效的研究方向。首先，通过文献阅读、问卷调查和走访访谈等多种方式，了解北京奶牛养殖业水资源利用现状。在此基础上，选取了数据包络分析法，建立奶牛养殖业水资源利用绩效评价指标体系。其次，通过数据包络分析法的 C^2R 模型、BCC 模型和全要素生产指数模型，依次从与全国、典型省份的对比研究，2004—2013 年变化规律研究，北京 43 个示范奶牛养殖场的个案研究 3 个层次分析水资源利用绩效的综合技术效率、纯技术效率、规模效率、规模报酬特征和效率变化指数等。最后，总结了奶牛养殖场水资源利用存在问题，并提出了相应对策建议。

从理论意义上讲，本研究构建奶牛养殖场水资源利用绩效的评价指标体系以及运用数据包络分析理论模型分析北京奶牛养殖业水资源利用绩效，是对现有奶牛养殖业水资源研究的有益补充和探索。有了评价奶牛养殖业水资源利用绩效的方法，才能更好地指导养殖户节约高效用水。

从现实意义上看，本研究调查分析了北京奶牛养殖业水资源利用的现状，归纳出水资源利用存在的问题，有利于引起相关部门和养殖场本身对水资源管理的重视，改善无序、松散的管理现状，从而提高地下水资源的利用率，节约用水。

1.2　国内外研究综述

水资源供需矛盾突出，不仅是我国的问题，也是世界大部分国家的问题，各国对水资源的研究都比较重视。国内外学者的水资源研究主要集中在水权、水资源承载力和水资源利用面等方面，研究视角以工业、农业两个大类为主。本研究主要从水资源的管理和水资源评价方面整理国外的研究综述，从水资源利用效率的理论模型探索、水资源利用绩效评价和水资源管理研究整理国内的研究综述。

1.2.1 国外研究综述

1.2.1.1 水资源的管理研究

国外对水资源的研究起步较早，水资源一词最早源于 1894 年由美国地质调查局下设的水资源处。美国的水资源管理经历了单目标发展阶段（1930 年以前）、多目标开发及流域综合治理阶段（1930—1970 年）、水质优化发展阶段（1970—1990 年）、可持续及回归自然式的再发展阶段（1990 年以后）4 个阶段。在此期间，建立的水资源管理研究成果显著。加利福尼亚州政府“水资源银行”的水权转让方式，成为利用经济杠杆管理水权和合理利用水资源的典型范例；田纳西河流域管理局早期通过政府扶持、发行债券，成功走上了以电力经营为主、以电养水的运营方式。美国的水价由用水户民主选择产生的董事会讨论决定，并提交政府价格部门批准实施，比较能平衡用水户和企业双方的利益，实现双赢。1997 年，得克萨斯州自然资源保护委员会提出了水权分析系统，建立了基于优先水权制度的 WAM 模型，该模型可以用来计算水资源可利用量。“水资源银行”构建水权交易体系，将每年的水资源可利用量按水权分为若干份，以股权制形式进行管理。

此外，美国还有各种中介机构推动水资源管理，为政府、相关企业提供咨询服务，如水工程联合会、水环境联合会等。为应对 21 世纪的水资源挑战，美国在《未来的水资源》中指出：国家对水资源工作的重点，从开发转移到管理，包括保护和提高水质；未来用水需求应主要靠减少水损失和提高用水效率的措施来予以满足；用水受益人和有关受益部门应完全负担为使他们获益而付出的全部费用；有关水的法规必须根据变化情况加以修订。

1.2.1.2 水资源评价研究

水资源评价始于19世纪末期的流域水量统计工作。20世纪60年代，由于水资源问题的出现和大量水资源工程的建设，加强对水资源开发利用的管理和保护被提到议事日程。1965年和1978年，美国进行了两次水资源评价，对美国水资源现状、可供水量和供水需求等进行了评价分析。1975年，西欧、日本和印度等国家相继提出水资源评价成果。1988年，联合国教科文组织和世界气象组织给水资源评价的定义是“水资源评价是对水资源的源头、数量范围及其可依赖程度、水的质量等方面的确定，并在此基础上评估水资源利用和控制的可能性”。1990年的《新德里宣言》、1992年的《都柏林宣言》和《里约热内卢宣言》以及《21世纪议程》都强调了水资源评价的重要性。自此，水资源评价进入全球性阶段。1992年，爱尔兰都柏林召开的国际水和环境大会——21世纪发展与展望，提出了水资源系统及其可持续性研究问题。随后，水资源可持续利用研究主要集中在指标评价体系的建立、水资源可持续利用程度的评价以及水资源可持续开发利用方案的选择等方面。

1.2.2 国内研究综述

我国自古就是一个爱水的民族，有仁者爱山、智者爱水的追求。在改革开放的30多年里，为了实现经济腾飞，我们忽视了对水的爱护。与国外发达国家在20世纪80年代就出现了有序的水权交易相比，中国的水资源一直处于一个公共、无组织的状态里。不过，中国对水资源的研究起步虽晚，但发展较快。以收录在中国知网上的文献为据，1978年以前，研究水资源的文章总和仅96篇；1985年为1 049篇，突破千篇大关；2000年为10 524篇，突破万篇大关；2014年为42 695篇。已有的水资源研究主要集中在水资源利用效率、水资源承载力、水资源安全问题和水资源定价理论等方面。本研究主要从水资源利用效率的理论模型探索、水资源利用绩效评价和水资源管理研究上进行文献综述整理。

1.2.2.1 水资源利用效率的理论模型探索

（1）数据包络分析（DEA）模型。数据包络分析法作为衡量相对效率的方法，应用广泛。在水资源效率的测算上，不少学者已经做了大量的探索和总结工作。

王春燕、仇亚琴等（2014）采用数据包络分析法分析了陕西省35个重点行业的用水效率。研究结果表明，大部分行业存在用水投入过量、水资源浪费现象。

吉亚辉、张浩文等（2012）基于数据包络分析了甘肃省兰州市水资源效率，以农业用水、生产用水、生活用水、全社会劳动者及固定资产投资为输入指标，以GDP为输出指标，采用了2000—2008年的数据。研究结果表明：在DEA无效年份中投入冗长，存在资源浪费情况，要素利用率不足，但效率逐渐提高，可以通过DEA投影结果进行改进，实现资源最优配置。

廖虎昌、董毅明（2011）基于DEA和Malmquist指数对西部12省水资源利用效率进行了研究，他们采用地区生产总值、固定资产投资总额、全年供水量和用水人口等作为投入产出指标。他们运用数据包络分析方法中的BCC模型和投入主导型DEA方法，对西部12省2007年和2008年的水资源利用效率进行分析和评价，旨在保证产出不变的情况下，减少水资源和其他要素投入。

孙才志、刘玉玉（2009）基于我国31个省、自治区和直辖市1997—2007年水资源与社会经济的面板数据，利用改进的DEA方法计算出各地区在不同时期的水资源利用相对效率。他们对传统DEA模型进行了改进，引入了2个虚拟的DMU，分别为最优DMU和最劣DMU，输入指标为生活用水量、生产用水量、从业人员和固定资产投资，输出指标为GDP。

（2）基于其他理论的水资源利用效率模型。孙爱军、董增川等（2007）通过建立包含工业耗水变量的模型，运用随机前沿生产函数模型（SFA）对我国 1953—2004 年间的工业水资源利用技术效率进行了测算，分析了效率变化、技术进步指数和全要素生产率（TFP）。结果表明：总体上，工业生产水资源利用效率变化平稳，呈现缓慢的上升趋势。

夏莲、石晓平等（2013）以甘肃省民乐县马铃薯产业化发展为例，利用 2007 年和 2009 年两年农户调研的面板数据，采用 SFA，测算该区域农户马铃薯生产的技术效率。并在此基础上计算水资源利用效率，采用混合回归模型分析影响农户水资源利用效率的因素。

岳立、赵海涛等（2011）基于考虑非期望产出的方向性环境距离函数（DEDF）选取了中国 13 个典型的主要工业省、自治区 2003—2009 年数据，以工业从业人数、工业资本存量和工业水供给量为投入指标，工业产值和污染物（COD、氮氨）排放量为期望产出和非期望产出指标计算了这 13 个省、自治区的工业用水效率。与以往研究相比，他们考虑了水环境的污染问题。

刘渝、王岌等（2012）采用全要素水资源调整目标比率测算方法，选择中国 29 个省、自治区和直辖市 1999—2006 年的平衡面板数据，运用 DEA 方法对中国农业水资源利用效率进行实证分析。结果表明：东部地区农业水资源效率最高，中部次之，西部最低，省际农业水资源利用效率水平之间的距离较大。

1.2.2.2 水资源利用绩效评价研究

绩效（performance）研究源于工业心理学在实验室对人类认知加工效果的测度。20 世纪 90 年代以后被西方经济学者引入制度经济学中，用以评价制度的运行状况。近年来，组织行为学、管理学、产业经济以及土地管理等不同学科从各自的角度对企业经营绩效和经济政策绩效和土地制度绩效等方面做了研究。国内直接针对水资源利用绩效的研究较少，对利用绩效的研究主要集中在土地利用、资金利用、企业创新绩效和项目绩效等方面。

(1) 水资源利用绩效研究。郑芳(2013)将新疆作为研究对象，以农业水资源利用的机理为分析框架，以农业水资源配置效率和生产效率的关系为切入点，对新疆农业水资源利用效率进行分析，并基于农业水资源利用效率的逻辑关系，从水价(基于市场的视角)、农业节水政策以及农业节水技术(基于政府的视角)这三方面对农业水资源利用效率的直接影响进行探讨，来寻求农业水资源利用的有效实现形式，从而实现提高农业水资源利用效率的最终目标。

雷波(2009)对农业水资源利用评价进行了文献梳理，指出农业水资源利用效用评价由最初的经典效率到新经典效率，再到后来的水资源生产力评价，经历了由工程效率评价向经济效率评价转变，评价尺度也逐渐向大尺度延伸。早期的农业水资源利用效率评价主要是基于田间尺度或作物尺度等微观尺度来开展。农业水资源利用效率被定义为产出与投入的比率，指标划分为三类，即基于水量的评价指标、基于水深度的评价指标和单位水量消耗所生产的经济产品数量。前两类又称为水分利用率，后一类称为水分利用效率。新经典效率一方面引入了水平衡观念，指对某个特定研究对象而言，流入水量应该等于流出量加上存贮量的变化。而水资源效用评价之前必须进行水资源核算是水平衡的基础。进行水资源核算的前提是研究对象的水资源组成要素划分，国内广泛应用的是国际水资源管理研究院提出的核算方法，即水资源由流入量、流出量、储存量和消耗量四大部分组成。另一方面，农业用水效用的评价由作物尺度和田间尺度向灌区、流域乃至更大尺度的转变也引出了该领域一个新的概念，即尺度转换问题。宏观尺度，即流域或次流域层次，包括几个不同行业之间的水资源利用；中观尺度，即水资源服务层次，如灌溉或市政水资源服务；微观尺度，水资源利用层次，如农业田间、农户或环境用水等。农业水资源生产力评价，在国际水资源管理研究院的定义中，水分生产率即单位（体积或价值）水量所生产出的产品数量或价值。水分利用效率更多的是衡量作物尺度或田间尺度农业水资源的利用效率，而水分生产率则是强调较大尺度上水资源利用所产生的价值。经济效益考虑产出的价值，投入的机会成本和外部效应，通过配置稀缺资源获得最大的经济价值，是确保资源投入能获得最大净收益的衡量标准。

鲁斐（2007）从环境绩效评价角度阐述了对水资源利用绩效评价的可行性，对涵盖水资源利用绩效评价中涉及的各种指标进行了估算和说明。对我国各省及自治区的普遍情况，选取具有共性的指标，建立了我国 31 个省、自治区、直辖市水资源利用绩效投入产出的 C^2R 模型，并对其进行了求解。在建立指标体系时，选取农业用水总量、工业用水总量、生活用水、生态用水、工业废水排放总量和生活废污水排放总量作为投入指标，GDP 作为产出指标。

（2）其他领域利用绩效研究。李健英、慕羊（2015）选取 52 家制造业上市企业作为研究对象，运用 DEA 方法对 2012 年制造业上市企业的创新绩效进行分析。他们建立了三级企业创新绩效评价指标体系，第一级为创新投入和创新产出，第二级为人力投入、经费投入、专利产出和其他产出，第三级为 R&D 人员占比、R&D 强度、申请专利数、同比销售增长率、全员劳动生产率和资产负债率。

陈莹、黄琛莹（2014）基于湖北省武汉市 1998—2010 年的相关数据，对武汉市及 13 个辖区的土地集约利用进行了绩效评价。他们主要采用了投入产出分析法对土地集约利用经济绩效进行评价，影响绩效的投入因素主要有资本、劳动力和科技管理，分别用单位用地固定资产投资额、单位用地在职工人数和模型常数项表示，绩效产出为单位用地产出，用单位用地 GDP 表示。绩效评价分析主要从投入增加对土地单产、经济总量贡献率的影响分析。班茂盛、方创琳等（2008）针对高新技术产业区土地利用评价中存在的问题，引入了土地利用绩效的概念，构建了包括土地效益、土地利用效率和创新功能3个维度的高新技术产业区土地利用绩效理论模型。构建了由3个二级指标、8个三级指标、37个四级指标组成的高新技术产业区土地利用绩效综合评价指标体系，并采用特尔菲法进行权系数赋值。

1.2.2.3 水资源管理研究

国内学者对水资源管理问题，也从不同角度进行了研究，主要包含以下几方面：

（1）水资源管理内涵研究。陈家琦（1987）等认为，水资源管理就是综合运用行政、法律、经济和技术等手段，对水资源开发利用的组织、协调、监督和调度；姜文来（2004）认为，水资源管理就是为了满足人类水资源需求及维护良好的生态环境所采取的一系列措施的总和。任鸿遵（1990）认为，水资源管理就是利用法律、行政、政策、技术、经济和教育等手段，对水资源的开发、利用和调配进行组织、监督和控制；孙广生（2001）等从水资源开发利用的进程着手，根据水资源评价、分配、开发、供水利用和保护等环节，提出了水资源管理的宏观管理、中观管理和微观管理3个层面。沈大军根据人类对水资源开发利用过程所形成的人与水以及人与人之间的关系，把水资源管理界定为两个方面，一是资源管理和环境管理，处理人与水之间形成的关系，解决取水和排水问题；二是服务管理，解决取水和排水之间形成的人与人之间的关系。王浩（2007）在《中国可持续发展总纲第4卷——中国水资源与可持续发展》一书中，对中国水资源特点及其开发利用、中国主要水问题及其治理对策、中国水资源管理与体制机制创新、中国水利科技发展与创新、中国节水型社会建设及其发展目标、中国水资源配置总体思路与格局、新时期治水思路与水资源可持续发展战略等各个方面都进行了系统的分析和深入的探讨。

（2）水资源管理体制研究。中国水资源管理部门分散，“九龙”管水现象严重。一方面，造成了水资源管理的“洼地”；另一方面，造成水资源管理功能的严重重叠。为此，一些学者从优化水资源管理的体制角度，对管理体制改革的有关问题进行了研究。齐佳音等（2000）、林洪学（2003）、于琪（2003）认为，现代水资源管理体制应实行水务一体化管理体制，水资源管理应该由一个部门代表政府统一管理。夏青从满足人类需要和水环境协调发展角度，提出了基于协调用水需求和环境需要的水资源管理框架；刘文强等（2002）、张雪松等（2002）、张林祥（2003）、刘玉龙（2003）通过对区域水资源管理体制的研究，提出了建立流域管理和行政区域相结合的管理体制，重点在于加强流域管理。

1.3 研究目标和内容

1.3.1 研究目标

本研究的总体目标是基于数据包络（DEA）分析法建立奶牛养殖业的绩效评价指标体系，从与典型省份的水资源利用效率对比研究、近 10 年北京及全国水资源利用效率变化规律研究、北京典型牛场水资源利用绩效个案研究 3 个层次进行实证分析，得出北京奶牛养殖业水资源利用绩效在全国奶业水资源利用绩效中所居地位，10 年来北京不同规模奶牛养殖场其水资源利用绩效的变化规律，北京奶牛养殖场水资源利用存在的具体问题和提高水资源利用绩效的对策建议。

1.3.2 研究内容

一是引言，包括概况、选题背景、目的和意义、国内外研究综述、研究目标和内容、研究框架和数据说明等。

二是相关研究概念和理论基础，通过三方面研究，为本研究打下理论基础。第一，对本文的研究方法，数据包络分析法及其经典模型 C^2R 的相关概念、建模过程及其应用优劣势进行阐述说明；第二，对水资源绩效评价的主要方法进行汇总说明；第三，对水资源绩效的前沿概念，如水资源承载力、水资源价值、水资源安全和水资源可持续发展等相关概念进行阐述，从战略高度把握水资源绩效研究的重要性。

三是北京奶牛养殖业水资源发展概况。首先，从奶牛存栏数、养殖规模、牛奶产量和养殖场布局特点等方面定性定量分析北京奶牛养殖业生产和经营情况。其次，从水资源布局分配、使用情况、管理机制、管理手段和最新政策制度等方面分析北京水资源概况。最后，通过调查 55 家北京奶牛养殖场，深入分析北京奶牛养殖业水资源来源渠道、用水设备、用水量和用水成本等，以及养殖场对水费征收、自备井置换计划和提高用水效率等问题的看法，了解北京奶牛养殖业水资源利用现状。

四是奶牛养殖业水资源利用绩效评价指标体系构建。首先，阐述指标设计的研究思路、指标体系构建基本原则和方法。其次，构建奶牛养殖业水资源利用绩效评价指标体系。最后，对指标评价模型构建方法及其结果进行说明。

五是北京奶牛养殖业水资源利用绩效实证分析。结合北京奶牛养殖业水资源利用绩效评价指标体系和数据包络分析的经典 C^2R 模型、BCC 模型以及全要素生产模型，测算出水资源利用综合效率（TE）、纯技术效率（PTE）、规模效率（SE）和全要素生产指数（TFP），从而分析水资源利用绩效。主要从 3 个层次进行实证分析，分别是与典型省份的水资源利用效率对比研究、近 10 年北京及全国水资源利用效率变化规律研究、北京典型牛场水资源利用绩效个案研究。

六是北京奶牛养殖业水资源利用存在的问题。通过前面几部分的调查研究、指标设计和模型分析，总结出北京奶牛养殖业水资源利用存在的主要、突出的问题。

七是北京奶牛养殖业水资源利用优化建议。针对北京奶牛养殖业水资源利用存在的问题，提出相应的优化建议。

八是不足与展望。论述本研究存在的不足以及下一步的研究打算。

1.4 研究框架

本研究的技术路线图见图 1.1。

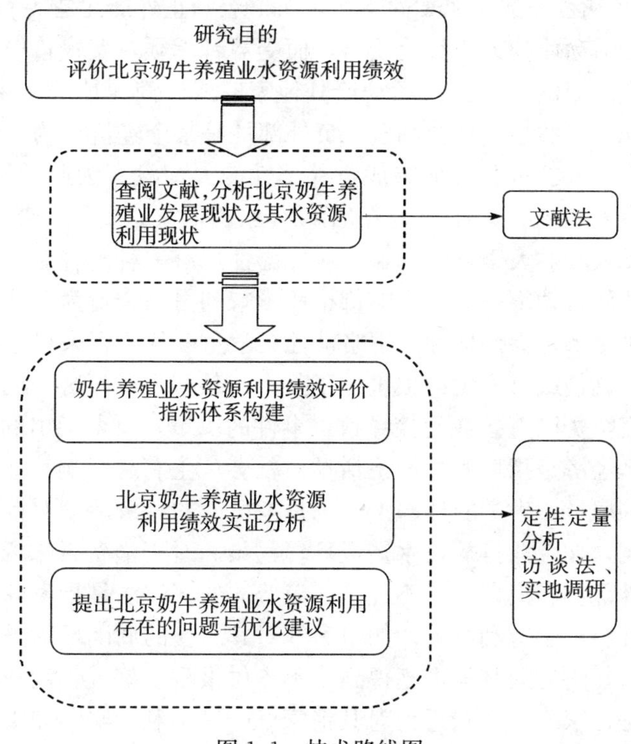

图 1.1 技术路线图

1.5 相关研究理论基础

1.5.1 外部性理论

外部性又称为溢出效应、外部影响或外差效应，指一个人或一群人的行动和决策使另一个人或一群人受损或受益的情况。经济外部性是经济主体（包括厂商或个人）的经济活动对他人和社会造成的非市场化的影响。即社会成员（包括组织和个人）从事经济活动时其成本与后果不完全由该行为人承担。分为正外部性（positive externality）和负外部性（negative externality）。正外部性是某个经济行为个体的活动使他人或社会受益，而受益者无须花费代价；或者某个家庭或厂商的一项经济活动给其他家庭或厂商无偿地带来好处。此时，私人利益小于社会利益。负外部性是某个经济行为个体的活动使他人或社会受损，而造成负外部性的人却没有为此承担成本；或者某个家庭或厂商的一项经济活动能给其他家庭或厂商带来危害。此时，私人利益大于社会利益。对外部性也有一种解释是，当一个行为个体的行动不是通过影响价格而影响到另一个行为个体的环境时，这种情形称为外部性。用略带社会学角度的语言来描述就是将可察觉的利益或可察觉的损害加于某个或某些人，而这个或这些人并没有完全赞同直接或间接导致该事件的决策。值得指出的是，生产的外部经济是指厂商的经济活动对社会产生有利影响，如某企业自动培训雇员。生产的外部不经济是指厂商的经济活动对社会产生不利影响，如企业排放污水造成环境污染。对于消费者来说，也存在消费外部性和消费外部不经济。消费的外部经济是指家庭的经济活动对社会产生有利影响。如甲家庭对其居住的周围环境进行绿化和保护时，附近的其他家庭得到了不支付报酬的好处。消费的外部不经济是指家庭的消费行为对其他家庭带来不利影响。如吸烟者的行为危害了被动吸烟者的身体健康，但没有对受害者进行任何支付。

1.5.2 外部性的解决方式

对于外部性的存在形式有人与自然、人与人、国家间的外部性等多种形式。由于人与人之间没有实现合作，致使人与自然的关系遭到破坏，反过来会影响到人类的生存和发展。这类问题包括全球环境问题，如温室效应问题、臭氧层问题、公海捕鱼问题和野生动物保护问题等。例如，由于公海中的鱼没有产权界定，河流各流域鱼类被过度捕捞，水电站不合理使用，都会导致外部性。如泰国等湄公河流域国家对中国水电站颇有微词，正是水电站的投入会带来一定外部性所致。对中国人而言，水电站使用带有正的外部性，对澜沧江生态副作用较小。但是在其他国家看来，微弱的破坏都会使其不能容忍。正是这种外部性的不对称，才导致人们过度捕捞、水电站遭到抗议，从而使部分海域鱼类濒临灭绝。迄今为止，各国为克服这类外部性做出了不懈的努力，各种制度安排也发挥了重要作用。例如，通过平等谈判达成的双边或多边协议，湄公河流域经济合作及其开发项目合作。如在公河和公海等，有公海捕鱼条约、野生动物保护条约等。

1.5.3 水资源负外部性

随着人类用水需求的不断增加和生态环境的人为破坏，可利用的水资源越来越稀缺。作为自然禀赋的水资源，生存在地球上的各代人具有共享权。水资源代际外部性是从水资源的可持续利用角度出发，动态地考虑几代人的用水行为及其相互间的福利影响。

1.6 数据说明

1.6.1 数据来源

本研究以《中国奶业年鉴》、《中国奶业统计资料》、《全国农产品成本收益汇编》、《北京年鉴》、北京奶牛创新团队和调研数据等为主要的数据来源，以北京各区政府官方网站、北京各区水利局官方网站数据作为辅助的数据来源。

1.6.2 数据处理说明

在第三章的北京奶牛养殖业的水资源利用现状分析中，养殖场基本情况部分，奶牛总存栏、成母牛存栏、场区面积、职工总人数、当月原料奶产量、当月原料奶销售收入、总成本、饲料成本、当月人员工资总额、固定资产折旧和管理费等指标上，数据如果与奶牛创新团队提供的示范牛场月度数据网络信息监测平台提供的数据不一致时，以北京奶牛创新团队提供的数据为准。

第五章北京奶牛养殖业技术效率的统计口径有两种，一是2004—2013年的北京奶牛养殖业技术效率，采用的是权威部门国家发展和改革委员会价格司编著的《全国农产品成本收益汇编》中提供的数据。二是2014—2015年北京奶牛养殖业技术效率，采用的是北京奶牛创新团队提供的示范养殖场数据，整理汇总所得。这主要是受到《全国农产品成本收益汇编》关于2014—2015年的数据要滞后1～2年的现实局限性，所以采用北京奶牛创新团队监测到的43个示范牛场的数据计算出2014—2015年北京奶牛养殖业技术效率和全要素生产率指数。

2　数据包络分析和水资源绩效评价方法、相关概念

2.1　数据包络分析

数据包络分析（Data Envelopment Analysis，DEA）是美国著名运筹学家 Chames 等提出的一种效率评估方法。它把单输入、单输出的工程效率概念推广到多输入、多输出同类决策单元的有效性评价中，极大地丰富了微观经济学中的生产函数理论及其应用技术，同时在避免主观因素、简化算法和减少误差等方面具有不可低估的优越性。

DEA 可以看作是一种统计分析的新方法。它是根据一组关于输入—输出的观察值来估计有效生产前沿面的。在经济学和计量经济学中，估计有效生产前沿面。而通常使用统计回归以及其他的一些统计方法，估计出的生产函数并没有表现出实际的前沿面，得出的函数实际上是非有效的。相比之下，DEA 方法处理多输入，特别是多输出的问题的能力是具有绝对优势的。并且，DEA 方法不仅可以用线性规划来判断决策单元对应的点是否位于有效生产前沿面上，同时又可获得许多有用的管理信息。

DEA 方法在中国的应用，呈现出迅速增长的趋势，逐渐成为经济管理学的热点领域。目前，主要集中在经济系统评价和分析、人力资源管理、技术创新与进步、金融分析、财务管理、银行管理、物流和供应链管理等领域。例如，DEA 方法在生产函数方面应用，魏权龄（1988）介绍了运用 DEA 模型建立生产函数的方

法，穆东（1995）探索了DEA方法在阶段C－D前沿生产函数和外延生产函数的估计方面的应用；DEA方法在资源配置中的应用，吴文江（2002）利用DEA方法分析了生产单元的最小成本和最大收益以及投入产出的最佳组合效率问题；DEA方法不需要事先确定评价指标的权重，评价结果更客观，从而在绩效评估中也有广泛应用，崔南方等（1999）探讨了DEA在评估业务流程绩效的应用，侯启娉（2005）应用DEA方法对高校科研绩效进行了实证研究。

2.1.1 基本概念

2.1.1.1 决策单元

将效率的测度对象成为决策单元（Decision Making Unit, DMU），它可以是任何具有可测量的投入、产出（或输入、输出）的部门、单位，如厂商、学校和医院等，也可以是个人，DMU间必须具有可比性。

在人们的生产活动和社会活动中常常会遇到这样的问题：经过一段时间之后，需要对具有相同类型的部门或单位（称为决策单元）进行评价，其评价的依据是决策单元的“输入”数据和“输出”数据。输入数据是指决策单元在某种活动中需要消耗的某些量，如投入的资金总额、投入的总劳动力数和占地面积等；输出数据是决策单元经过一定的输入之后，产生的表明该活动成效的某些信息量，如不同类型的产品数量、产品的质量和经济效益等。

数据包络分析方法主要是通过保持决策单元的输入或输出不变，借助数学规划和统计数据确定相对有效的生产前沿面，将各个DMU投射到DEA的生产前沿面上，并通过比较DMU偏离DEA前沿面的程度来评价其有效性。

2.1.1.2 DEA的有效性

DEA有效性是DEA理论中最重要、最基本的概念之一。它使用数学规划模型估计多输入多输出经济系统的生产前沿面，并以前沿面为参照，判断各 DMU 观察的数据是否为 DEA 有效。凡是处在前沿面上的 DMU，DEA 就认定其投入产出组合最有效率，将其效率指标定为 1；不在前沿面上的 DMU 则被认定为无效率，进而以效率前沿面的有效点为基准，给予一个相对效率指标。DEA 方法不但对同一类型的各决策单元的相对有效性进行评价，还可以利用 DEA 投影原理进一步分析各决策单元非 DEA 有效的原因及改进方向。

根据对各 DMU 观察的数据判断 DMU 是否为 DEA 有效，本质上是判断 DMU 是否位于生产可能集的“生产前沿面”上，生产前沿面是经济学中生产函数向多产出情况的一种推广。使用 DEA 方法和模型可以确定生产前沿面的结构、特征和构造方法，因此又可将 DEA 看作是一种非参数的统计估计方法；由于 DEA 具有“天然”的经济背景，因此依据 DEA 方法、模型和理论，可以直接利用输入和输出数据建立非参数的 DEA 模型进行经济分析；同时，使用 DEA 对 DMU 进行效率评价时，可得到很多管理信息。

通过 DEA 模型可以得出被评价 DMU 的效率状态：有效（率）还是无效（率）。其中，有效分为两种情况：

一种是强有效，指任何一项投入的数量无法减少，除非减少产出的数量或增加另外一种投入的数量；任何一项产出的数量都无法增加，除非增加投入的数量或减少另一种产出的数量。这种生产状态是一种帕累托最优状态。在径向 DEA 模型中，判断是否为强有效的标准是 $\theta^*=1$，S^{-*} 和 S^{+*} 均为 0。

另一种是弱有效，指无法等比例减少各项投入的数量，除非减少产出数量；无法等比例增加各项产出数量，除非增加投入的数量。在这种状态下，虽然不能等比例减少投入或增加产出，但是某一项或几项（但不是全部）投入可能减少或产出可以增加，称为弱有效。在径向 DEA 模型中，判断是否弱有效的标准是 θ^* 是否等于

1，不需要考虑是否存在松弛问题。

2.1.1.3 技术效率

技术效率是指一个生产单元的生产过程达到该行业技术水平的程度。技术效率可以从投入和产出两个角度来衡量。在投入既定的情况下，技术效率由产出最大化的程度来衡量；在产出既定的情况下，技术效率由投入最小化的程度来衡量。

技术效率可以通过产出与投入的比重来定量测量。当生产过程仅涉及一种产品投入和产出时，可以计算出各生产单元的产出/投入比值，即每消耗一个单位的投入所生产的产品数量，来反映各生产单元技术效率高低。若将各单元的产出/投入比值除以其中最大值，可以将产出/投入比值标准化为 0～1 的数值，这样可以更好地反映被评价单元与最优单元间的效率差距（表 2.1）。

表 2.1 产出/投入比值测算技术效率举例说明

单位	投入 X	产出 Y	Y/X	Y/X 标准化
A	27	17	0.63	1
B	45	25	0.56	0.88
C	17	8	0.47	0.75
D	32	16	0.50	0.79

上述方法适用于单投入、单产出。在实际生产过程中，投入产出往往不止一项，往往是多投入、多产出，需要对各投入产出指标赋予一定权重，然后计算加权产出/投入比值，作为反映计算效率的指数。数据包络分析是通过数据本身获取投入和产出的权重。

2.1.1.4 规模不变与规模可变

规模收益是指涉及厂商生产规模变化与产量变化之间的关系。如果生产规模的变化是由所有生产要素以相同比例扩大或减少而引起的，那么，对应的产量变动就有 3 种情况：如果产量增加的比率大于生产要素增加的比率，则生产处于规模收益递增阶段；如果产量增加的比率等于生产要素增加的比率，则生产处于规模收益不变阶段；如果产量增加的比率小于生产要素增加的比率，则生产处于规模收益递减阶段。

C^2R 是基于规模收益不变或者假定生产技术规模收益可变，但所有被评价的 DMU 均处于最优生产规模阶段的模型。即假定一项生产技术的规模收益不变（Contant Returns to Scale，CRS），在技术效率保持不变的条件下，若一个 DMU 的投入变为原来的 t 倍（$t>0$），其产出也会相应变为原来的 t 倍。反之也成立，假设被评价的 DMU 的投入和产出都变为原来的 t 倍，在规模收益不变的条件下，其技术效率应保持不变。采用 CRS 模型得出的效率值（Technical Efficiency，TE）并非纯粹的技术效率，包含了规模效率的成分，称为综合效率值。

在实际生产中，大部分生产单位并没有处于最优规模的生产状态。因此，需要建立一种分离出规模效率的模型。BBC 模型正是基于规模收益可变（Variable Returns to Scale，VRS），得出的技术效率排除了规模的影响，成为纯技术效率（Pure Technical Efficiency，PTE）。通过计算 CRS 效率值和 VRS 效率值就可以分离出规模效率值（Scale Efficiency，SE），计算方法为 SE＝TE/PTE。

C^2R 模型为 CRS 径向 DEA 模型，BCC 模型为 VRS 径向 DEA 模型。径向的含义指无效率的测量方式为投入能够等比例减少的程度，或产出能够等比例增加的程度。

2.1.1.5 目标值

每个决策单元 DMU 在目标函数变化中，达到最优的状态就是其目标值。以投入导向 C^2R 模型为例。目标函数为

$$\min\theta$$

$$\text{s. t.} \sum_{i=1}^{n}\lambda_i x_{ij} \leqslant \theta x_{ik} ,$$

$$\sum_{i=1}^{n}\lambda_i y_{ri} \leqslant y_{rk}$$

$\lambda \geqslant 0$

$i=1, 2, \cdots, m$；$r=1, 2, \cdots, q$；$j=1, 2, \cdots, n$

将（$x=\sum_{i=1}^{n}\lambda_i x_i$，$y=\sum_{i=1}^{n}\lambda_i y_i$）看作一个虚拟的 DMU，其投入不高于 DMU_k 的投入，产出不低于 DMU_k 的产出。如果 DMU_k 处于无效率的状态，则最优解构成的虚拟 DMU 就是被评价 DMU_k 的目标值。

2.1.1.6　松弛变量

在径向 DEA 模型的线性规划式，约束条件是不等式形式，这可以看做是一种“松”的约束，代表着投入和产出的自由处置性。这也是松弛变量存在的基础。如果投入 X 能生产产出 Y，则更多的 $X+\Delta X$ 也可以生产 Y，或投入 X 也可以生产更少的产出 $Y-\Delta Y$。

再用生活的例子来帮助理解径向 DEA 模型中的松弛变量。假设有多条长短不一的绳子，现在把所有绳子的一端固定在墙上，然后拉起所有绳子的另一端，对齐后往外拉。当拉不动时，说明最短的绳子已经拉到极限，不能再拉了。但是，其他绳子可能还是松的。如果放开已经拉紧的绳子，松弛的绳子还可以继续拉动，每根松弛绳子可以继续拉动的距离就是各个指标的松弛变量值。

2.1.1.7　比例改进与松弛改进

无效决策单元 DMU 在生产前沿上的投影点代表其目标值。如果投入的改进值用负数表示，产出的改进值用正数表示，则被评价的 DMU 的投入产出目标值的计算方法统一为：目标值＝原始值＋改进值。

无效 DMU 的改进值包括两部分：一是径向改进值（Radial Movement），表示各项投入（或产出）等比例改进的数量；二是松弛改进值（Slack Movement），即目标值＝原始值（Original Value）＋径向改进值＋松弛改进值。

如果无效 DMU 仅完成比例改进，则该 DMU 改进后仍可能是弱有效：如果存在松弛问题，则为弱有效；如果不存在松弛问题，则为强有效。只有完成径向改进和松弛改进后，才能保证无效 DMU 变为强有效。

2.1.2 DEA 方法的工作步骤

在应用 DEA 方法进行评价时，为获得一个比较可靠的结果需要在以下几方面进行多次反复，有时还需结合其他定性或定量的方法。

2.1.2.1 第一步：明确问题阶段

首先，要明确评价的目标，并围绕评价的目标对评价的对象进行分析，包括辨识主目标和子目标以及影响这些目标的因素，并建立一个层次结构；其次，确立各个因素的性质，如把因素分为可变或不可变、可控或不可控、主要或次要等；再次，考虑因素间可能的定性与定量关系，由于有些决策单元是开放性的，有时还需辨明决策单元的边界，对决策单元的结构、层次进行分析；最后，对结构进行定性的分析和预测。

2.1.2.2 第二步：建模计算阶段

（1）建立评价指标体系。根据第一阶段的分析结果，确定能全面反映评价目标的指标体系，并且将指标间的一些定性关系反映到权重的约束中。同时，还可以考虑输入输出指标体系的多样性，将每种情况下的分析结果进行比较研究，然后获得比较合理的管理信息。

（2）选择 DMU。选择 DMU 本质上是确定参考集，因此，DMU 的选取应满足基本特征，即具有相同的目标、任务、外部环境和输入输出指标。另外，决策单元 DMU 的选取一定要具有代表性。

（3）收集和获取的数据具有可获得性。

（4）根据有效性分析的目的和实际问题的背景，选择恰当的DEA模型进行计算。

2.1.2.3 第三步：分析结果阶段

（1）在上述工作的基础上，对计算结果进行分析和比较，找出无效单元无效的原因，并提供进一步改进的途径。

（2）根据定性的分析和预测结果来考察评价结果的合理性。

此外，在运用DEA方法还需要注意以下几个方面：

第一，DEA模型对DMU数量的要求。DEA为非参数前沿分析方法，虽然相对于参数方法，对DMU数量的要求相对较少，但是，如果DMU数量过少，如DMU数量n比投入指标数量m和产出指标数量q还要少，则很容易出现大部分甚至全部DMU均有效的结果，从而DEA失去了对DMU效率进行区分的能力。一般来说，DMU的数量不应少于投入和产出指标数量的乘积，同时不少于投入和产出指标数量的3倍。即

$$n \geqslant \max\{m * q，3 *(m+q)\}$$

但这只是一个粗略的指导性原则，具体要根据DEA分析结果来判断。在实际应用中，往往DMU数量是固定的，当模型区分能力不足时，只能通过减少投入或产出指标数量来提高区分度。

第二，投入和产出指标的选择。从生产可能集的角度考虑，DEA模型的投入指标X和产出指标Y应该大致满足以下关系：X能生产Y，Y是由X生产出来的。

首先，在实际应用中，应该注意区分投入产出指标和效率影响因素的不同。以奶牛养殖业为例，养殖场的主要产出指标是原料奶产量，主要投入指标包括奶牛存栏投入、人工成本、饲料成本和固定资产投入等。企业的收购价格对养殖场的效率产生影响，但是原料奶的收购价格是外部影响因素，而非投入因素。

其次，DEA不要求投入指标或产出指标之间不存在高度相关性或共线性，因为共线性的存在不会导致错误的分析结果。实际

上，两种及以上生产要素往往存在高度相关性。例如，在养殖场的投入要素中，奶牛存栏数与饲料成本存在高度相关性，存栏头数越多，饲料成本越高。如果出现了指标数量较多，造成模型区分能力不足时，应尽量减少投入产出数量，并尽可能从包含更多的生产要素的角度出发，首先考虑从模型中排除高相关的指标。

最后，DEA 模型是基于生产可能集理论的线性规划方法，生产可能集是 DMU 的线性组合，从理论上讲，DEA 模型中的投入和产出指标必须可以线性相加。率或比值是由分子指标和分母指标相除得出的，如果各 DMU 的率指标的分母数值不同（在实际应用中，往往是不同的分母），就会产生错误的生产可能集，还可能产生不合逻辑的结果。例如，如果直接用率作为投入或产出指标，在 CRS 模型中，分析结果中可能出现率的目标值大于 100%，采用 VRS 模型确定的生产前沿可能处于生产可能集之外。

但这并不意味着不能使用率或比重作为投入产出指标，可以通过模型进行改进，如将率的分子作为产出指标，将率的分母作为投入指标。本书建议，在不熟悉模型变形改进的情况下，设置指标尽量不用率或比值作为投入指标、产出指标。

第三，模型导向的选择。按照对效率的测量方式，DEA 模型可以分为投入导向、产出导向和非导向。投入导向模型是从投入的角度对被评价的决策单元 DMU 无效率程度进行测量，关注的是在不减少产出的条件下，要达到技术有效，各项投入应该减少的程度；产出导向模型是从产出的角度对被评价的决策单元 DMU 无效率程度进行测量，关注的是在不增加投入的条件下，要达到技术有效，各项产出应该增加的程度；非导向模型则是同时从投入、产出两个方面进行测量。

模型导向的选择主要取决于分析目的。如果分析目的只是获得各单位的效率值，上述 3 种导向均可。如果需要进一步的投影分析，从管理角度考虑，如果把减少投入作为对无效率单位提高效率的主要途径，应选择投入导向模型；如果把增加产出作为提高效率的主要途径，则应选择产出导向模型。导向的选择还应结合具体研究领域去理解。例如，在奶业行业，如果在奶牛养殖场投资不足的背景下，选择投入导向模型会使投影分析结果不容易进行解释。因为在投入导向模型中，无效率的单位要达到有效率的状态，其改进目标是减少投入，这与奶业投入不足的背景产生矛盾，使得分析结果容易产生误解。同理，如果是在需求不足的背景下，选择产出导向模型，会使得投影分析所确定的产出目标在客观上难以实现，从而失去实际指导意义。因为在产出导向模型汇中，无效率的单位要达到有效率状态，其改进目标是增加产出，而市场上已经处于供过于求的买方市场了。

2.1.3 C^2R 模型

2.1.3.1 基本概念

DEA 模型的扩充和完善，C^2R 模型之后，最具有代表性的“经典”模型：BC2 模型、FG 模型和 ST 模型；加法模型 C－2GS－2；具有无穷多个 DMU 的半无限规划的 DEA 模型 C－2W；具有“偏好锥”和“偏袒锥”的 DEA 模型 C－2WH 和综合模型 DEA 模型；Log 型的 DEA 模型；随机 DEA 模型；具有不可控因素的 DEA 模型：逆 DEA 模型等。本书选取了 C^2R 模型作为研究分析的模型。

具有不同规模收益条件下的 DEA 模型的研究是 DEA 研究的一项重要内容。C^2R 模型是一个测算生产是否为规模有效和技术有效的 DEA 模型，也是第一个 DEA 模型，于 1978 年由 Chames、Cooper 和 Rhodes 提出。该模型在评价多投入、多产出 DMU 的规模有效性和技术有效性方面十分有效。它将工程效率的概念推广到多输入、多输出系统的相对效率评价中，为决策单元间的相对效率评价提出了一个可行的方法和有效的工具。C^2R 模型是一个分式规划，使用 1962 年由 Chames 和 Cooper 给出的 Chames—Cooper 变换，可将分式规范化为一个与其等价的线性规划问题。由线性规划的对偶理论，可以得到 C^2R 模型的对偶模型，该模型能判断各决策单元的投入规模是否适当，并给出各决策单元调整投入、扩大产出的可能方向和程度。

2.1.3.2 构建 C^2R 模型

DEA 方法将一个"可以通过一系列决策，投入一定数量的生产要素，并产出一定数量的产品"的经济系统（或人）称为决策单元 DMU。对已知的 n 个决策单元，可用 DEA 方法来判断各个单元投入/产出的合理性、有效性。对于某个选定的 DMU_0（下标设为 0），判断其有效性的 C^2R 模型的对偶规则可表示为：

$$\min\theta$$

$$\begin{cases} \text{s. t. } \sum\lambda_i X_i + S^- = \theta X_k & (k=1,\ 2,\ \cdots,\ n) \\ \sum\lambda_i Y_i - S^+ = Y_k \\ \lambda_i \geqslant 0,\ i=1,\ 2,\ \cdots,\ n \\ S^- \geqslant 0,\ S^+ \geqslant 0 \end{cases} \tag{1}$$

其中，X_i、Y_i 分别为决策单元 DMU_i 的输入、输出指标；λ_i 表示通过线性组合重构一个有效 DMU_k^* 时，第 i 个决策单元的组合比例；θ 为 DMU_k 的有效值，反映资源配置合理程度：θ 越大，资源配置越合理，反之，资源浪费程度越高；S_i^-、S_i^+ 为松弛变量，表示决策单元 DMU_i 可能的投入冗余和产出不足。

C^2R 模型分为投入导向和产出导向，分别对其规划式和对偶式进行分析。

（1）投入导向 C^2R 模型。投入导向 C^2R 模型的规划式为：

$$\max\sum_{r=1}^{q}u_r y_{rk};$$

$$\text{s. t. } \sum_{r=1}^{q}u_r y_{ri} - \sum_{i=1}^{m}v_i y_{ij} \leqslant 0,\ \sum_{i=1}^{m}v_i y_{ik} = 1,$$

$$v \geqslant 0,\ u \geqslant 0,\ i=1,\ 2,\ \cdots,\ m;\ r=1,\ 2,\ \cdots,\ q;\ j=1,\ 2,\ \cdots,\ n,$$

其对偶模式为：

$\min\theta$,

s.t. $\sum_{i=1}^{n}\lambda_i x_{ij}\leqslant\theta x_{ik}$,

$\sum_{i=1}^{n}\lambda_i y_{ri}\geqslant y_{rk}$;

$\lambda\geqslant 0$,

$i=1, 2, \cdots, m; r=1, 2, \cdots, q; j=1, 2, \cdots, n$

对偶模型是以产出既定的条件下，各项投入可以等比例缩减的程度来对无效率状况进行测量。

（2）产出导向 C^2R 模型。产出导向 C^2R 模型的规划式为：

$\min\sum_{i=1}^{m}v_i x_{ik}$;

s.t. $\sum_{r=1}^{s}u_r y_{ri}-\sum_{i=1}^{m}v_i x_{ij}\leqslant 0$, $\sum_{r=1}^{q}u_r y_{rk}=1$,

$v\geqslant 0, u\geqslant 0, i=1, 2, \cdots, m; r=1, 2, \cdots, q; j=1, 2, \cdots, n$,

其对偶模式为：

$\max\varphi$,

s.t. $\sum_{i=1}^{n}\lambda_i x_{ij}\leqslant x_{ik}$,

$\sum_{i=1}^{n}\lambda_i y_{ri}\geqslant\varphi y_{rk}$;

$\lambda\geqslant 0$,

$i=1, 2, \cdots, m; r=1, 2, \cdots, q; j=1, 2, \cdots, n$

对偶模型是以投入既定的条件下，各项产出可以等比例增长的程度来对无效率状况进行测量。

2.1.3.3 C^2R 模型分析

（1）经济含义。①当 $\theta=1$ 且 $S^-=S^+=0$ 时，则称 DMU_0 为 DEA 有效，即在这 n 个决策单元组成的经济系统中，在原投入 X_0 的基础上所获得的产出 Y_0 已达到最优。②当 $\theta=1$ 且 $S^-\neq 0$ 或 $S^+\neq 0$ 时，则称 DMU_0 为 DEA 弱有效，即在这 n 个决策单元组成的经济系统中对于投入 X_0 可减少 S^- 而保持原产出 Y_0 不变，或在

投入 X_0 不变的情况下可将产出提高 S^+。③当 $\theta<0$ 时，则称 DMU_0 为 DEA 无效，即在这 n 个决策单元组成的经济系统中可通过组合将投入降至原投入 X_0 的 θ 比例而保持原产出 Y_0 不减。

（2）规模收益值分析。设 $k=\sum\lambda_i$，则 k 称为 DMU_0 的规模收益值。①当 $k=1$，表示 DMU_0 的规模收益不变，此时 DMU_0 达到最大产出规模点［2］。②当 $k<1$，表示规模收益递增，且 k 值越小，规模递增趋势越大，表明 DMU_0 在投入 X_0 的基础上，适当增加投入量，产出量将有更高比例的增加。③当 $k>1$，表示规模收益递减，且 k 值越大规模递减趋势越大，表明在 DMU_0 投入 X_0 的基础上，增加投入量不可能带来更高比例的产出，此时没有再增加决策单元投入的必要性了。

（3）投入冗余与产出不足分析。将决策单元中各分量的 s_{ij}^- 与对应指标分量 x_{ij} 的比值定义为投入冗余率，记为 T_{ij}，即 $T_{ij}=s_{ij}^-/x_{ij}$，它表示该分量指标可节省的比例。同样地，设 $U_{ij}=s_{ij}^+/y_{ij}$，则 U_{ij} 称为产出不足率。比较一个经济系统中不同年份的投入冗余率或产出不足率可动态地反映该经济系统有哪些方面有所改善和哪些方面还需要加强管理。还可分析同一时期内相关经济系统间的投入冗余率、产出不足率，进行横向比较。

2.1.4 BCC 模型

BCC 模型是 DEA 模型中除了 C^2R 模型外，另一个经典模型。它是 Banker 等人于 1984 年开发的，弥补了 C^2R 模型只用于分析不变规模报酬特征的 DMU 的效率评估的不足，可以用于分析可变规模报酬的生产技术，并进一步在 C^2R 模型的基础上推导出纯技术效率和规模效率。即把由 C^2R 模型求得的水资源利用综合技术效率（TE）分解为纯技术效率（PTE）和规模效率（SE），并且水资源利用综合技术效率=纯技术效率×规模效率。

BCC 模型是在 C^2R 模型的基础上发展出来的，即在 C^2R 模型中为避免锥形条件即规模收益不变的发生，增添了一个凸性假设条件：$\sum_{i=1}^{n}\lambda_i=1$，这时的可能集 $T_{BCC}=\{(x,\ y)\mid x\geqslant\sum_{i=1}^{n}\lambda_i x_i,\ \sum_{i=1}^{n}\lambda_i=1,\ i=1,\ 2,\ \cdots,\ n\}$

如图 2.1 所示，解析图形为：

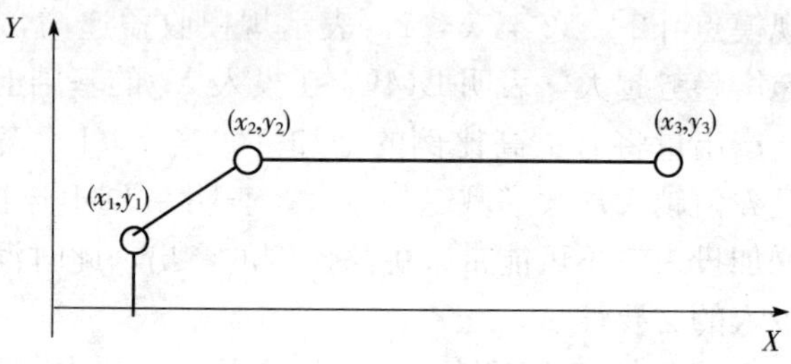

图 2.1 BCC 模型经验生产可能集

将锥形条件去掉后，本研究可以严格集中在单个 DMU 水平上的生产有效性上，由此可以得到一个效率测算手段：一个决策单元的效率指数为 1，当且仅当该 DMU 位于有效生产前沿面上，甚至可以不是规模有效的。这样就建立了基于生产可能集 T_{BCC} 下的 DEA 模型，即 BCC 模型：

$$\begin{cases}\min\theta \\ \text{s. t. } \sum\lambda_i X_i\leqslant\theta X_0 \\ \sum\lambda_i Y_i\geqslant Y_0 \\ \sum\lambda_i=1 \\ \lambda_i\geqslant0,\ i=1,\ 2,\ \cdots,\ n\end{cases}$$

及其对偶问题：

$$\begin{cases}\text{Max }(u^T Y_0+u_0)=V_2 \\ \text{s. t. } w^T X_i-u^T Y_i-u_0\geqslant0,\ i=1,\ 2,\ \cdots,\ n \\ w^T X_0=1 \\ w\geqslant0,\ u\geqslant0\end{cases}$$

若上式中存在最优解 w_0，u_0，u_0 满足 $V_2=u^TY_0+u_0=1$，则称 DMU_i 为弱 DEA 有效，如进一步有 $w\geqslant 0$，$u\geqslant 0$，则称 DMU_i 为 DEA 有效。

在引入阿基米德无穷小 ε，投入松弛变化 s^-，产出松弛变量 s^+ 后，第 i 个决策单元的 BCC 模型最终为：

$$\begin{cases}\min\ [\theta-\varepsilon\ (\hat{e}^Ts^-+\hat{e}^Ts^+)]\\ \text{s. t.}\ \sum\lambda_iX_i+s^-=\theta X_0\\ \sum\lambda_iY_i-s^+=Y_0\\ \sum\lambda_i=1\\ \lambda_i\geqslant 0,\ i=1,\ 2,\ \cdots,\ n\\ s^-\geqslant 0,\ s^+\geqslant 0\end{cases}$$

理论公式的经济含义为若纯技术效率和规模效率二者均为 1，就意味着 DEA 有效；若二者中只有一方的值达到 1，说明实现了弱 DEA 有效；若二者均不为 1，则为非 DEA 有效。

2.1.5 数据包络分析的优缺点

DEA 显著特点是不需要考虑投入产出之间的函数关系，而且不需预先估计参数，不需做任何权重假设，避免了主观因素的影响；直接通过产出与投入间加权和之比，计算决策单元的投入产出率。此外，应用 DEA 方法建立模型前无须对数据进行无量纲化处理。

在应用 DEA 模型时需要注意一些问题。一般认为，参考集元素（即 DMU）的个数不少于输入、输出指标总数的 2 倍为好。数据应保证严格非负。如果输入输出变量间存在较大的相关性，DEA 的区分能力将会变弱。此外，若将较多的 DMU 放在一起组成参考集时，“同类型”反映得不够充分，但若将它们按一定特性分为几个子集，则每个子集内的 DMU 能较好地体系出“同类型”，这样往往能得到一些有用的信息。

2.2 水资源绩效评价方法

2.2.1 主观评价方法

主观评价方法主要有层次分析法（AHP）、德尔菲法（也称专家意见法）和模糊综合评价方法等。

层次分析法（Analytical Hierar-chy Process，AHP），在20世纪70年代由美国运筹学家A. L. Saaty首次提出。这是一种定性与定量分析结合的决策分析方法，其特点是在分析中将决策者对复杂问题的决策思维过程数量化、模型化。通过层次分析法将复杂问题分解成若干层次和因素，在各层次或因素之间进行计算和比较，从而得出不同方案的权重，为最优方案的选择提供依据。

德尔菲法（Delphi Method）是一种能够综合专家小组各成员经验和主观判断的方法，由O·赫尔姆和N·达尔克在20世纪40年代提出，美国兰德公司首次将其用于实践预测。这种方法中专家匿名发表意见，专家小组成员之间不得交流看法，只与调查人员沟通，根据实施步骤，可以反复填写意见来综合搜集专家小组各成员的经验判断。

模糊综合评价方法是基于模糊数学隶属度理论，将不易定量的因素定量化，从多个因素判断评价对象的隶属等级后进行综合评价的一种方法。该方法适合用来解决各种确定性问题。

上述方法共同的特点是都需要主观地为各个指标或因素赋值或者赋值比较，主观判断因素较强。

1965年，美国加州大学伯克利分校的L. A. Zadeh教授创立了模糊理论，提出了用隶属函数来表达事物的模糊程度。特别是在控制论中，将条件或状态都量化为一组模糊语言，为多目标决策评价奠定了坚实的基础。模糊综合评价的基本思想是利用模糊线性变换原理和最大隶属度原则，考虑与被评价事物相关的各个因素，对其做出合理的综合评价。它利用隶属函数作为桥梁，将不确定性在形式上转化为确定性，即将模糊性加以量化，从而可以利用传统的数学方法进行分析和处理。该方法主要针对模糊的非量化因素进行评价，因此模糊综合评价可以广泛地应用于环境、气象预报、经济管理以及教学过程等领域的评价。但该方法评判结果的可靠性和准确性依赖于指标的合理选取、权重分配和综合评价的合成算子以及数学知识表示与模型选择等人为因素，具有很强的主观性。

2.2.2 客观评价方法

一类是参数方法，通过估计生产函数来描述投入生产过程，包括柯布—道格拉斯生产函数、对数生产函数或随机前沿生产函数（SFA）；另一类是非参数方法，常见的有因子分析法和数据包络分析法（Data Envelopment Analysis，DEA）。

2.2.2.1 参数方法

在现在的研究中，研究者大多应用柯布—道格拉斯生产函数、对数生产函数或随机前沿生产函数（SFA）来衡量绩效，

2.2.2.2 非参数方法

（1）因子分析法。因子分析的思想是由 Charles Spearman（1904）研究学生考试成绩时提出的，其主要特点是利用降维的思想把一些具有复杂关系的变量分解成少数几个综合公共因子，是一种多变量统计分析方法。其基本思想是根据变量相关性大小对原始变量进行分组，使得同组变量相关性较高，不同组变量相关性较低，每组变量用一个不可测的综合变量表示，称为公共因子。因子分析的主要步骤是建立因子载荷矩阵，必要时通过因子旋转求解能够合理解释的公共因子，得到因子得分值并据此进一步分析。因子分析法研究得出的结果，数理逻辑严谨，具有很强的客观性；但存在评价结果内容单一，不易得到合理的公共因子等缺点。

（2）数据包络分析法。著名运筹学家 A. Charnes 和 W. W.

Cooper 等以“相对效率”概念为基础，根据多指标投入和多指标产出对相同类型的决策单元（Decision Making Units，DMU）进行相对有效性或绩效评价的一种系统分析方法。DEA 以相对效率概念为基础，以凸分析和线性规划为工具，可用于多目标决策问题。其优势在于使用指标数据的客观信息进行评价、权系数为客观变量，剔除了人为因素带来的误差，且无需进行无量纲处理、无需显示建立输入输出之间的函数关系式等。

2.3 水资源相关概念

水资源具有可更新的和不可替代的特点，同时又具有高度能动性。而水是生命之源、生产之基、生态之要，地球上万事万物的发展离不开水资源。作为一种特殊的资源，水对社会、经济及生态环境的作物是无法替代的。水资源评价就是确定水资源的数量、质量、分布范围和可靠性以及人类活动的影响，对水资源开发利用情况及开发潜力做出评估，对供需之间可能出现的矛盾和合理开发利用水资源提供一个科学的依据。

1997 年 1 月，联合国在《世界水资源综合评价》报告中，水资源紧缺问题将为制约经济与社会发展的重要障碍。近年来，人们开始逐渐意识到水资源的稀缺性和水环境保护的重要性，水资源成为了城市发展的短板或者不得不重视的问题。水资源绩效评价从结果上看，是为了更好地实现发展与自然资源的平衡。因此，在了解水资源绩效评价时，先要了解水资源承载能力、水资源价值、水资源安全和水资源可持续发展等相关概念，从战略上去把握水资源绩效评价的重要性。

2.3.1 水资源承载力

承载力原为一个物理量，指物体在不产生任何破坏时所能承受的最大负荷。在生态学中，其特定含义是指一定环境条件下某种生物个体可以存活的最大数量。1921 年，帕克和伯吉斯首次将其应用于研究人口问题。随着人口、资源和环境问题日趋严重，20 世纪 80 年代，联合国教科文组织（UNESCO）提出了资源承载力的概念。

水资源承载力是承载力概念在水资源领域的应用，更是当前水资源科学中的一个重点和热点研究问题。但是，水资源承载力涉及不同地区、不同自然条件的水资源系统、社会经济系统和生态环境系统，具有不确定性和复杂性。其概念和内涵的界定仍然不够清楚，至今尚未形成统一的认知与理论体系。一般定义上，水资源承载力强调社会、经济、资源、生态环境各个系统之间的相互协调，以水资源系统为承载主体，研究其水量、水质等对社会、经济、生态环境各个系统的支撑程度。

国内的研究成果主要集中在水资源承载力概念、内涵的探讨、水资源承载力评价指标体系的探索以及水资源承载力评价模型和方法的研究等方面。目前，研究水资源承载力的方法很多，代表性研究方法主要有常规趋势法、综合评价法、系统动力学法及多目标分析法等。

2.3.2 水资源价值

为维系地球生物生存和发展的特殊资源，水资源在促进经济社会系统发展和维持环境系统稳定两方面都具有重要作用，这决定了水资源同时具有公共物品和私人物品的双重特性。同时，经济社会用水也具有较强的公益性特点。水资源的配置必须要考虑民生问题，这决定了水资源价格难以通过市场定价，所以政府定价成为我国水资源价格体制的当前选择。目前普遍认为我国水价偏低，不能客观反映我国严峻的水资源短缺形势，但由于水价制定理论和相关政策不完备、水价定价方法缺乏公信力、水费用途不透明，提高水资源价格将面临着公众抵制等诸多问题。水资源价格是水资源价值的外在体现，系统分析水资源价值属性，对科学分析水价构成，制定合理的水资源价格具有重要意义。另外，合理的水资源价格，有利于保护水资源价值，有利于在水资源日益短缺的形势下，维持水资源的再生利用、保障民生、促进经济发展。

水资源价值是水资源使用者为了获得水资源使用权需要支付给水资源所有者（包括国家或集体）的一定货币额，它体现了水资源所有者与使用者之间的经济关系，是水资源有偿使用的具体表现，是对水资源所有者因水资源资产付出的一种补偿，是维持水资源持续供给的最基本前提。科学的水价应该包含水资源本身价值。

根据市场经济规律，水资源价值与水资源需求量呈正相关，与水资源供给量呈负相关。具体地说，当水资源短缺时，水资源价值高，水资源越短缺，水资源价值越高；当水资源供求量越大时，水资源价值越低，甚至可以忽略水资源本身的价值。在考虑水资源价值的情况下，健全的水价公式应为：水价＝水资源价值＋水资源生产成本＋正常利润。它表明，在考虑水资源本身价值时，水价提高，会对水资源供需矛盾产生一定的影响。

2.3.3 水资源安全

水资源是基础自然资源，是生态环境的控制性因素之一；同时，又是战略性经济资源，是一个国家综合国力的有机组成部分。

世界水资源安全正面临着空前的危机。20 世纪内世界人口增加了 2 倍，而人类的用水增加了 5 倍，对人类和环境产生了十分巨大的影响。当前，全球 15 亿的人口得不到安全的饮用水，30 亿人缺乏卫生设施，致使每年有 300 万～400 万人死于由水引起的疾病。如果目前的用水方式保持不变，未来生态系统的恶化和生物多样性的破坏将威胁人类的生存。另外，水资源安全已不仅是水资源本身的问题，而是关系到社会经济等各个方面的问题：水资源的短缺将直接影响到食物或粮食安全；饮用水安全问题造成的疾病将威胁人们的生活安全；水资源短缺将引起相关产业就业人数的下降，导致社会的不稳定和经济衰退；水资源不足将影响到生态系统健康与环境安全。

闵文庆（2002）认为，水资源短缺是我国水资源安全最主要的表现形式，水污染严重导致水质性缺水，也正成为影响我国水资源安全的重要因素，并且从某种意义上说，水质所引起的水资源危机甚至要大于水量缺乏所造成的危机。此外，包括水土流失、江河断流、湖泊萎缩、湿地干涸和土地退化等在内的水生态失衡也十分严重。而且，人们在水资源短缺的情况下，为了满足经济发展和生活的需要，将加大水资源开采力度，造成水资源的过度开发，无疑会引起地面沉降、海水倒灌等一系列问题，导致生态系统的进一步恶化，形成水资源进一步短缺的恶性循环。

到目前为止，日益严重的水资源稀缺问题尚未得到有效控制。很多全国性和地方性的水资源管理和水污染控制计划没有能够完全付诸实施，包括水污染治理投资在内的许多计划指标未能落实。水污染和水资源稀缺造成的经济成本很高。水污染对公众健康构成严重威胁，并造成巨大的经济和环境损失。据中国政府估算，2004年水污染造成的经济和环境损失约占 GDP 的 1.7%甚至更高（世界银行，2009）。

张利平（2009）认为，我国水资源总量虽然丰富，但地区分布不均，年内分配集中，北方部分地区水资源开发利用已经超过资源环境的承载能力，水资源面临的形势非常严峻。21 世纪中国必须进行大规模的改革和强有力的措施，必须节约用水，建立节水型工业，提高用水效率，加强水污染防治，大力开发非常规水资源，调整产业结构，实行水资源的统一科学管理，合理配置水资源，引入市场机制，改革水价形成机制，树立可持续发展的思想，缓解供需矛盾，促进合理开发、利用和保护水资源。加强科技创新，推进水利现代化进程，采取切实可行的措施维护我国的水资源安全，以缓解我国水资源的供需矛盾，实现经济和社会的可持续发展。

王浩、王建华（2012）认为，未来 20 年是我国全面建设小康社会的战略时期，人口数量仍将增加，工业化、城镇化进程持续推进，用水量将持续增长。预计到 2030 年，我国人口总量将接近 15 亿人，人均水资源量将下降到不足 1 900 立方米，用水总量将达 7 000亿立方米左右，废污水排放将超过 1 000 亿立方米，水资源供求压力将更加突出。

2.3.4 水资源可持续发展

水资源可持续发展没有统一的定义。1996 年，联合国教科文组织（UNESCO）国际水文计划（IHP）工作组将可持续水资源管理定义为：支撑从现在到未来社会及其福利而不破坏它们赖以生存的水文循环或生态系统完整性的水的管理与使用。中国科学院水问题联合研究中心刘昌明院士（1997）认为：可持续发展应理解为社会发展的目标函数，以资源生态环境与经济等组成相互和谐的制约条件，并在时间与空间方面具有循序协调的动态连续发展系统。

水资源可持续利用研究是 21 世纪多学科综合研究的重大学科领域之一。从理论基础上看，国内外关于水资源可持续利用的基础理论主要包括复杂系统理论、生态经济理论。从可持续利用的度量上看，还缺乏统一公认的度量模型，国外主要有水资源工程系统可持续性的统计度量模型和水资源系统可持续性的福利度量模型，国内主要有系统结构优化演变控制模型和区域水资源可持续利用的系统动力学模型。

进入 21 世纪后，人们更加关心中国的水资源能否支撑庞大人口规模的食物供应，能否支撑社会经济的平稳较快发展，能否解决缺水、水污染和生态退化问题。我国政府和专家学者积极探索水资源可持续利用战略与思路，提出了：以水资源的可持续利用支撑中国社会经济可持续发展的总体战略，提出了六大方面的战略措施，分别是全面深入推进节水防污型社会建设、大力推进严格的水资源管理制度建立、着力加强水资源与生态环境保护、积极推进国家智能水网工程建设、加快建立水资源风险管理应对体系和夯实水资源安全保障科技支撑。

3 北京奶牛养殖业及水资源发展概况

北京奶牛养殖业作为全国四大奶业优势区之一，具有较好的发展优势，主要表现在以下 4 个方面。一是品种优势，北京的种奶牛的培育工作上，位居全国首位。北京奶牛中心种公牛站是我国建立的第一个种公牛站，并首批被农业部命名为“国家级重点种公牛站”。二是人才优势和科技优势，汇集了全国各地数量众多的专家人才，在奶牛的繁育和养殖方面发挥了重大作用。三是市场优势，北京人口众多，经济发达，人们对健康和饮食的关注不断提高，无形中为乳制品消费创造了发展空间。四是政策优势。面对我国奶业发展的转型和我国生鲜乳生产安全、高效、可持续的发展的要求，自 2009 年，农业部奶业管理办公室、国家奶牛产业技术体系、中国奶业协会制订了奶牛“金钥匙”工程培训计划，北京现代技术服务体系奶牛产业创新团队等，对奶牛产业技术的传播、知识的普及、理念的更新和政策的转化起到了重要的作用。

依照北京城市总体规划和城市次区域划分的设想，遵循“优化城区、强化郊区”的原则，把北京市从总体上划分为首都功能核心区、城市功能拓展区、城市发展新区和生态涵养发展区。本书立足于这种区划分对北京市奶牛养殖业的发展进行分析。

3.1 北京奶牛养殖业发展现状

3.1.1 存栏规模呈缩减、集中趋势

总体上，北京的奶牛养殖业存栏规模在有计划地缩小，逐渐将生态涵养发展区、城市功能拓展区的存栏比重、存栏数量降低；养殖规模往城市发展新区集中。

从奶牛存栏比重分布看，2013 年北京奶牛存栏 144 435 头，其中奶牛养殖主要集中在城市发展新区，占北京市的比重为 65%。总体上，2013 年生态涵养发展区与城市功能拓展区的奶牛养殖规模不断缩小，与 2012 年相比，奶牛存栏占比均减少了 2 个百分点（图 3.1）。

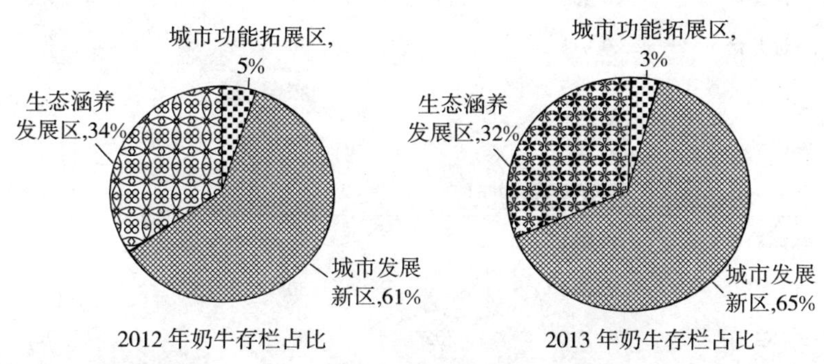

图 3.1 2012—2013 年北京各功能区奶牛存栏占比情况

从奶牛存栏数量上看，总体上北京的存栏总量是下降的，2012 年增长率为 0.5%，2013 年增长率为−4.6%。其中，城市功能拓展区增长率为−31.4%，生态涵养区的增长率为−11.7%。

从区上看，丰台区、顺义区、门头沟区、怀柔区和延庆区在 2012 年、2013 年的奶牛存栏增长率均为负增长，奶牛存栏头数呈下降趋势。房山区、通州区奶牛存栏头数一直呈上升趋势，其中房

山区增长幅度较大，2012 年、2013 年增长率分别为 0.3% 和 34.8%（表 3.1）。

表 3.1　2011—2013 年北京奶牛存栏情况

地区	2011 年存栏（头）	2012 年存栏（头）	2013 年存栏（头）	2012 年增长率（%）	2013 年增长率（%）
北京市	150 650	151 477	144 435	0.5	−4.6
城市功能拓展区	6 789	6 935	4 759	2.2	−31.4
朝阳区	3 179	3 520	2 520	10.7	−28.4
丰台区	968	735	347	−24.1	−52.8
海淀区	2 642	2 680	1 892	1.4	−29.4
城市发展新区	90 050	92 621	93 909	2.9	1.4
房山区	10 408	10 437	14 071	0.3	34.8
通州区	20 211	22 067	23 036	9.2	4.4
顺义区	18 487	18 000	17 380	−2.6	−3.4
昌平区	10 938	11 091	10 821	1.4	−2.4
大兴区	30 006	31 026	28 601	3.4	−7.8
生态涵养发展区	53 811	51 813	45 767	−3.7	−11.7
门头沟区	316	79	30	−75.0	−62.0
怀柔区	10 952	10 202	9 285	−6.8	−9.0
平谷区	1 036	1 160	760	12.0	−34.5
密云县	21 064	22 053	18 837	4.7	−14.6
延庆县	20 443	18 319	16 855	−10.4	−8.0

数据来源：2012—2014 年奶业年鉴。

3.1.2　牛奶产量年增长率波动较大

从牛奶产量地位上看，城市发展新区是北京奶牛养殖业的牛奶主产区，该区牛奶产量占全北京的60%以上，且呈不断扩大趋势，2012年的牛奶产量占比为62.39%，2013年上升到64.94%。与此同时，城市功能拓展区和生态涵养区牛奶产量占比均下降约1个百分点（图3.2、表3.2）。

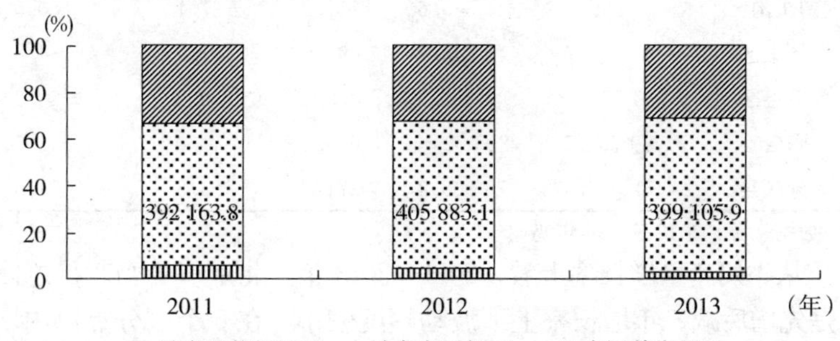

图3.2　2011—2013年北京牛奶产量分布

表3.2　2011—2013年北京市牛奶产量

地区	牛奶产量（吨）			2012年增长率（%）	2013年增长率（%）
	2011年	2012年	2013年		
北京市	639 754.5	650 522.2	614 618.3	1.7	−5.5
城市功能拓展区	34 043.1	34 904.1	23 929.5	2.5	−31.4
朝阳区	16 559.4	16 946.2	12 302.2	2.3	−27.4
丰台区	3 030.8	2 976.7	893	−1.8	−70.0
海淀区	14 452.9	14 981.2	10 734.3	3.7	−28.3
城市发展新区	392 163.8	405 883.1	399 105.9	3.5	−1.7
房山区	34 653.3	34 563.3	42 732.5	−0.3	23.6
通州区	100 972.8	103 799.3	104 329.3	2.8	0.5
顺义区	51 606.2	60 137.7	56 141.6	16.5	−6.6
昌平区	54 908.2	56 033.9	51 944.4	2.1	−7.3
大兴区	150 023.3	151 348.9	143 958.1	0.9	−4.9

（续）

地区	牛奶产量（吨）			2012 年增长率（%）	2013 年增长率（%）
	2011 年	2012 年	2013 年		
生态涵养发展区	213 547.6	209 735	191 582.9	−1.8	−8.7
门头沟区	899	565.6	110.2	−37.1	−80.5
怀柔区	46 121.5	45 245.7	43 093.6	−1.9	−4.8
平谷区	3 725	3 382.5	2 428.4	−9.2	−28.2
密云县	80 751.7	81 573	78 679.3	1.0	−3.5
延庆县	82 050.4	78 968.2	67 271.4	−3.8	−14.8

数据来源：2012—2014 年奶业年鉴。

从牛奶产量增长率上看，2011—2013 年，北京市牛奶产量总体趋势是先增后减，年增长率上下波动幅度较小，在 6 个百分点以内。但是，区的牛奶产量年增长率幅度较大，尤其是 2013 年波动剧烈（图 3.3）。其中，房山区和通州区在 2013 年整体牛奶产量降低的大背景下，仍然保持增长，增长率分别为 23.6%和 0.5%；而同年，丰台区和门头沟区牛奶产量锐减，增长率分别为−70%和−80.5%（表 3.2）。

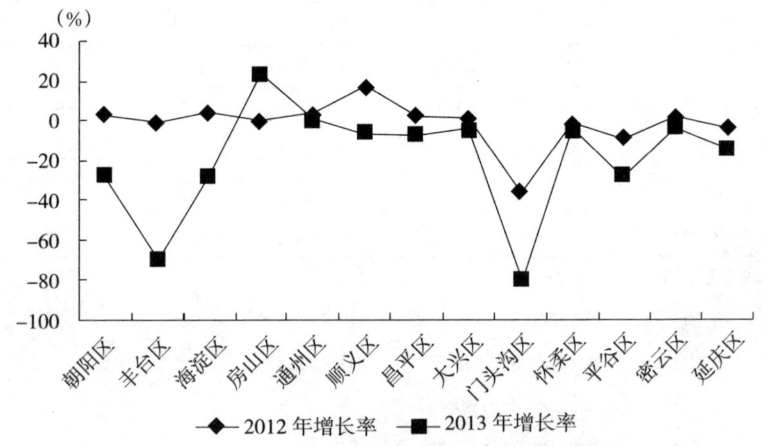

图 3.3　2011—2013 年北京各区牛奶产量年增长率变化

3.1.3 单产水平不断提高

从总体单产水平看，单产水平不断提高，但各区差异显著。2011—2013年北京市单产水平分别为6 406千克/（头·年）、6 590千克/（头·年）、6 745千克/（头·年），2012年增长率为2.87%，2013年增长率为2.35%。从功能区单产水平看，城市功能拓展区单产水平最高，2013年单产为10 279千克/（头·年）；城市发展新区次之，为6 992千克/（头·年），生态涵养发展区单产水平最低，为6 040千克/（头·年）（图3.4）。从各区单产水平看，门头沟区和密云区单产水平增长幅度较大，超过20%（表3.3）。

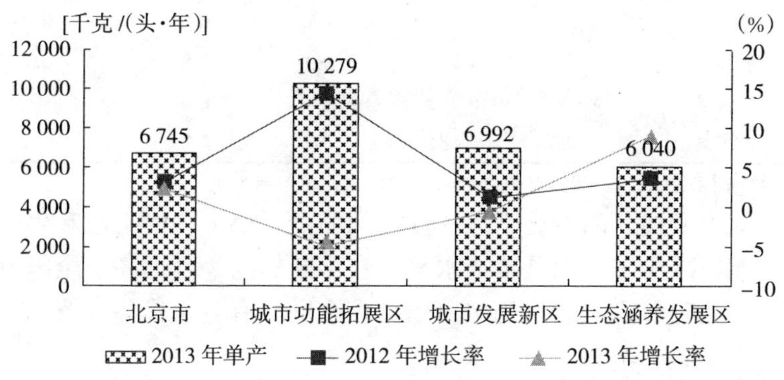

图3.4 2013年北京奶牛单产及其年增长率变化

表3.3 2011—2013年北京市奶牛单产水平

地区	奶牛单产［千克/（头·年）］			2012年增长率（%）	2013年增长率（%）
	2011年	2012年	2013年		
北京市	6 406	6 590	6 745	2.87	2.35
城市功能拓展区	9 430	10 783	10 279	14.34	−4.67
朝阳区	10 324	10 863	10 018	5.22	−7.78
丰台区	5 644	6 574	7 504	16.48	−14.15
海淀区	9 839	10 469	10 942	6.41	4.52

（续）

地区	奶牛单产［千克/（头·年）］			2012 年增长率（%）	2013 年增长率（%）
	2011 年	2012 年	2013 年		
城市发展新区	6 964	7 044	6 992	1.15	−0.74
房山区	5 977	5 878	6 003	−1.65	2.13
通州区	7 957	8 027	7 768	0.88	−3.22
顺义区	4 672	4 957	4 915	6.10	−0.83
昌平区	8 151	8 584	8 201	5.30	−4.46
大兴区	7 485	7 513	7 667	0.36	2.06
生态涵养发展区	5 345	5 539	6 040	3.62	9.04
门头沟区	4 050	3 559	5 248	−12.10	47.43
怀柔区	6 275	6 500	6 531	3.58	0.48
平谷区	5 979	4 909	5 080	−17.89	3.48
密云县	4 966	5 018	6 258	1.04	24.72
延庆县	5 295	5 681	5 582	7.29	−1.74

数据来源：2012—2014 年奶业年鉴整理所得，单产＝牛奶产量/成母牛头数。

综上所述，随着北京存栏规模的缩减，奶牛存栏头数和牛奶产量都相应减少了，但是单产水平仍在不断提高，且远高于全国单产水平。这充分说明北京奶牛养殖业在全国具有竞争优势（图 3.5）。

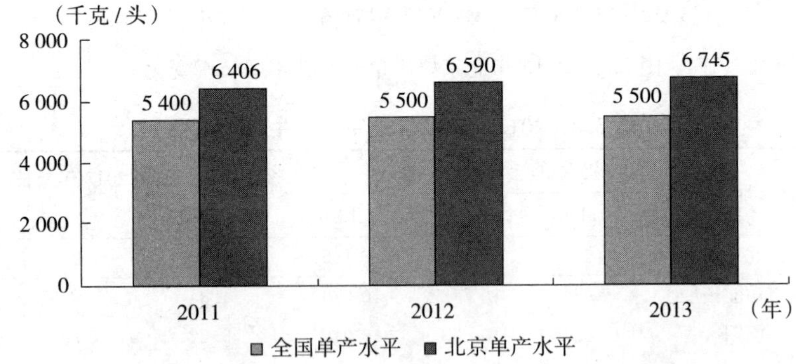

图 3.5　2011—2013 年北京与全国奶牛单产水平比较

3.1.4 养殖场管理更加规范化

依据《全国农产品成本收益汇编》2004 年起的奶牛养殖场规模的划分标准，奶牛总存栏 10 头以下（包括 10 头）为散养；10～50 头（包括 50 头）为小规模；50～500 头（包括 500 头）为中规模；500 头以上（不包括 500 头）为大规模。

2012—2013 年北京大规模奶牛养殖场占北京奶牛养殖场总数的比重分别是 56.25%和 55.41%，说明总体上北京奶牛养殖业规模化发展程度高，存栏规模 500 头以上的养殖场占绝大多数。从大规模养殖场个数看，2013 年比 2012 年减少了 16 个，但大规模养殖场占养殖场总数比重只减少了 0.84%。从各区上看，2012—2013 年怀柔区、密云区和延庆区的养殖场个数均名列前三，除延庆外，其他两区大规模养殖场占区养殖场总数比重均超过 70%（表 3.4）。

表 3.4 2012—2013 年北京市备案的大规模奶牛场变化情况

各区	2012 年 大规模个数（个）	2012 年 大规模比重（%）	2013 年 大规模个数（个）	2013 年 大规模比重（%）
昌平区	5	35.71	5	33.33
大兴区	17	34.69	17	35.42
房山区	11	78.57	12	80.00
密云区	21	75.00	23	82.14
顺义区	18	81.82	12	80.00
通州区	18	72.00	13	65.00
延庆区	19	32.20	18	33.33
怀柔区	27	84.38	27	84.38
平谷区	1	25.99	1	25.00

（续）

各区	2012 年大规模个数（个）	2012 年大规模比重（%）	2013 年大规模个数（个）	2013 年大规模比重（%）
海淀区	3	100	0	0
朝阳区	4	100	0	0
合计	144	56.25	128	55.41
2012 年牛场总数	256	—	—	—
2013 年牛场总数	—	—	231	—

数据来源：2013 年北京市畜禽养殖场（小区）登记备案统计数据。

2011—2013 年北京 700 头以上养殖场个数先增后减，2013 年 700 头以上养殖场有 68 个，同比下降 13.92%。

2013 年北京标准化规模化饲养比例达 90%以上，奶牛良种覆盖率达 100%，奶牛养殖场 100%实现了机械化挤奶。同年，北京市饲料播种面积 250.9 公顷，其中牧草播种面积 363.8 公顷。对北京市 60 家奶牛场 3.815 0 万头奶牛展开了奶牛生产性能测定，乳脂率保持在 3.74%，乳蛋白率为 3.22%，测定日平均产奶量为 30.42 千克，体细胞数位 31.12（10 000/毫升）①。

综上所述，受全球奶业发展不景气与北京打造节水城市的发展趋势影响，北京奶牛养殖业的发展呈现出三方面的变化趋势：第一，调整养殖布局。逐渐缩小生态涵养区、城市功能区的存栏规模，将养殖重心进一步向城市发展新区集中，2013 年城市发展新区的奶牛存栏比重占北京市的 65%。这将有利于节约成本，发挥集成效益。第二，奶牛养殖减量不减质，向规模化标准化发展。2013 年北京奶牛存栏头数比 2012 年减少了 7 042 头，降幅为

① 数据来源：农业部，2014. 中国奶业年鉴 2014［M］. 北京：中国农业出版社.

4.6%，牛奶产量比2012年减少了35 903.9吨，降幅为5.5%，但是单产水平比2012年增加了155千克。第三，奶业产业升级，行业发展更规范。2013年北京市登记备案的奶业组织机构共19家，分布于10个区，在协助政府进行行业管理、服务行业、维护奶农和行业的合法权益、促进北京奶业产业健康发展等方面具有重要作用。此外，北京市通过奶牛良种补贴、奶牛生产性能测定，加快奶牛良种化进程；通过北京市畜牧业“菜篮子”系统工程、奶牛标准养殖场改扩建项目，开展规模化、标准化奶牛养殖场改造提升工程；通过组织国家良种工程建设项目，推动畜禽养殖标准化示范工程，完成良种奶牛科技园建设。这些举措都有利于加快转变北京奶业发展方式。

3.2 北京水资源利用现状

中国的可再生水资源总量每年约为28 410亿立方米，位居世界第六。但是，其年人均水资源拥有量——2007年估计为2 151立方米——只有世界平均水平的1/4（每年8 549立方米），是世界上人均拥有量最低的国家之一。中国在总体上是一个水紧缺的国家，而水资源在时间上和空间上的分布不均，使其面临的问题更加严峻。

中国不同地区的水资源量存在很大差距。南方每年的降水量平均超过2 000毫米，而北方只有200～400毫米。因此，中国南方的水资源远比北方丰富。中国北方人均水资源拥有量只有每年757立方米，不到南方的1/4，约为世界平均水平的1/11，低于通常界定为“水稀缺”的阈值水平1 000立方米。

中国降雨的季节性变化进一步加剧了水资源的空间分布不均。受较强季风气候影响，中国的降雨量变化很大，时常导致旱涝两灾，而且旱灾和水灾常常在不同地区同时发生。总的来说，从东南沿海地区到西北高地，降雨量逐步减少，但不同年份、不同季节之间降雨量的差异很大。例如，在海河和淮河流域，每 4 年中就有一年的水流量不足平均水平的 70%，每 20 年中就有一年，水流量会低于平均水平的 50%。干旱年份往往接踵而至，使水问题进一步加剧。①

3.2.1 水资源拥有量各区差异明显

北京的水资源分布不均，水资源拥有量上存在较大的区差异。一般而言，人越多、经济发展程度越高的区越缺水。首先了解北京的水资源组成部分：入境地表水、境内地表水和地下水组成，地表水和地下水主要靠降雨补给。北京市平均降水量为 640 毫米左右，一般干旱年景的降水量在 500 毫米以下，特别干旱的年份在 300 毫米以下。北京的湖泊都很小，水量有限，所以地表水主要来自河水和人工修建的水库。北京境内有大小河流 100 多条，分属永定河、北运河、潮白河、大清河和蓟运河五大水系，总长 2 700 公里，同属海河水系。北京在平水年可利用的水资源为 47.6 亿立方米。北京市区自来水供应量为 322 万立方米/天，其中，有 7 座自来水水厂利用地下水作为水源，有 2 座利用地表水作为水源。密云水库、怀柔水库是供应城市生活用水的主要来源。其中，密云水库是一座特大型水库，上游流域面积为 1.58 万平方公里，库区总面积 224 平方公里，总库容量 43.75 亿立方米，相应水面面积约 188 平方公里。

北京水资源的分布情况：共有五大水系，17 个大中型水库，其中城市功能拓展区有 3 个水系经过，辖区内无水库，水资源相对匮乏，但该区人口占北京市的 49.03%，属于经济发展优势区；城市发展新区有 5 个水系经过，且辖区内建有 3 个水库，水资源较为丰富，人口占北京市的 31.83%，属于经济发展潜力区；生态涵养

① 数据来源：2009 年世界银行报告《应对中国水资源短缺的挑战》。

发展区有4个水系经过，且辖区内建有14个水库，包含2个大型水库，分别是怀柔水库和密云水库，水资源丰富，但人口仅占北京市的8.85%，属于经济发展相对落后区（表3.5）。

表3.5 北京市五大水系和大中型水库的分布情况

地区	水系	大中型水库
北京市	5个水系	17个大中型水库
城市功能拓展区	3个水系	无水库
朝阳区	北运河水系、潮白河水系	
丰台区	永定河水系、北运河水系、潮白河水系	
海淀区	潮白河水系	
城市发展新区	5个水系	3个水库
房山区	永定河水系、大清河水系	崇青
通州区	北运河水系、潮白河水系	
顺义区	潮白河水系、蓟运河水系	
昌平区	潮白河水系	十三陵、桃峪口
大兴区	永定河水系、北运河水系、潮白河水系	
生态涵养发展区	4个水系	14个水库
门头沟区	永定河水系	官厅、斋堂、珠窝（珍珠湖）
怀柔区	潮白河水系	怀柔、北台上（雁栖湖）、大水峪
平谷区	蓟运河水系	海子、西峪、黄松峪
密云区	潮白河水系	密云、半城子、沙厂、遥桥峪
延庆区	永定河水系	白河堡

数据来源：北京市水务局官方网站数据整理绘制。

3.2.2 地下水资源成为主要用水来源

从全年水资源总量上看，2009—2013年，地下水资源量占地表水资源量的比重分别为69.3%、68.8%、65.7%、54.7%和

62.1%。从全年供水（用水）总量上看，2009—2013 年地下水用水量占总用水量的比重分别为 55.5%、54.3%、52.2%、51.0% 和 49.2%。

从地下水用水量与地下水资源量的比重上看，2009—2013 年的比重分别为 130.5%、120.1%、106.8%、84.7% 和 116.2%，除 2012 年以外，其他年份均过度使用了地下水。

与此同时，地表水使用率不足。2009—2013 年，地表水用水总量占地表水资源量的比重分别为 55.9%、54.2%、52.2%、24.4% 和 41.5%，利用率不足地下水利用率的 1/2（图 3.6）。

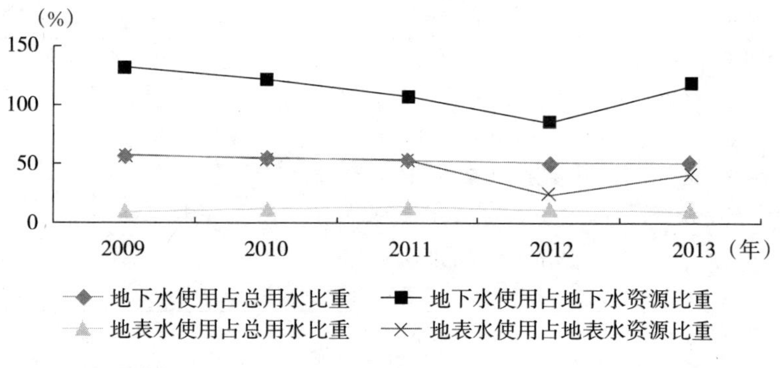

图 3.6　2009—2013 年地下水使用情况与地表水使用情况

3.2.3　农业用水占总用水比重较大

从用水用途看，2009—2013 年北京农业用水占全年用水总量的比重分别为 33.8%、32.4%、30.3%、25.9% 和 25.0%，且呈现出逐年减少的趋势，说明农业用水在节水方面得到了较大改善。再看农业用水占地下水用水总量的比重，2009—2013 年分别为 60.91%、59.69%、57.98%、50.82% 和 50.84%，农业用水普遍消耗了地下水总量的 1/2 以上，说明农业用水使用地下水的比重有所减少，但总体上仍然是使用地下水的“大户”（表 3.6、表 3.7）。

表 3.6　2005 年中国各地区水资源分布

地区	水资源			年均水资源再生量			水资源使用率		
	地表水	地下水	总计	地表水	地下水	总计	地表水	地下水	总计
北方	157.6	90.4	249.1	334.3	168.9	405.4	47.1	53.5	61.4
松辽	30.4	26.4	56.9	165	62.5	192.8	18.4	42.2	29.5
海滦	12.3	25.3	37.9	28.8	26.5	42.1	42.7	95.5	90
黄河	24.5	13.3	38.2	66.1	40.6	74.4	37.1	32.8	51.3
淮河	38.5	15.8	54.4	74.1	39.3	96.1	52	40.2	56.6
南方	299.6	13.5	314	2 261	591.7	2 276.6	13.3	2.3	13.8
扬子	175.6	8	184	951	246.4	961.3	18.5	3.2	19.2
珠江	83	4.1	87.4	469	111.6	470.8	17.7	3.7	18.6
东南	31.2	1.2	32.5	256	61.3	259.2	12.2	2	12.5
西南	9.9	0.3	10.2	585	154.4	585.3	1.7	0.2	1.7
西北	52	9.6	61.7	116	86.2	130.4	44.7	11.1	47.3
总计	457.2	103.9	563	2 712	828.8	2 812.4	16.9	12.5	20

数据来源：2005 年中国水资源研究报告。

表 3.7　2009—2013 年北京市水资源情况

项目		年份				
		2009	2010	2011	2012	2013
全年水资源总量（亿立方米）		21.8	23.1	26.8	39.5	24.8
地表水资源量（亿立方米）		6.8	7.2	9.2	18.0	9.4
地下水资源量（亿立方米）		15.1	15.9	17.6	21.6	15.4
人均水资源（立方米）		120.3	120.8	134.7	193.3	118.6
全年供水（用水）总量（亿立方米）		35.5	35.2	36.0	35.9	36.4
按来源分	地表水（亿立方米）	3.8	3.9	4.8	4.4	3.9
	地下水（亿立方米）	19.7	19.1	18.8	18.3	17.9
	再生水（亿立方米）	6.5	6.8	7.0	7.5	8.0
	南水北调（亿立方米）	2.6	2.6	2.6	2.8	3.5
	应急供水（亿立方米）	2.9	2.9	2.7	2.9	3.0

（续）

项目		年份				
		2009	2010	2011	2012	2013
按用途分	农业用水（亿立方米）	12.0	11.4	10.9	9.3	9.1
	工业用水（亿立方米）	5.2	5.1	5.0	4.9	5.1
	生活用水（亿立方米）	14.7	14.8	15.6	16.0	16.2
	环境用水（亿立方米）	3.6	4.0	4.5	5.7	5.9
万元地区生产总值水耗（立方米）		29.92	24.94	22.13	20.07	18.66
万元地区生产总值水耗下降率（%）		8.12	10.14	5.49	7.38	5.85

数据来源：2014 北京统计年鉴。

3.2.4 污水处理能力提高较快

2013 年污水管道长度为 6 363 公里，是 2006 年的 1.87 倍，年均增长率为 9.38%；2013 年污水处理能力为 393 万立方米/日，是 2006 年的 1.19 倍，年均增长率为 2.48%；2013 年污水处理率为 84.6%，是 2006 年的 1.16 倍，年均增长率为 2.09%。2013 年再生水利用量为 80 108 万立方米，是 2006 年的 2.22 倍，年均增长率为 12.07%；2013 年粪便清运量为 220.7 万吨，是 2006 年的 1.26 倍，年均增长率为 3.31%（表 3.8）。

表 3.8 2006—2013 年污水处理及环境卫生

年份	污水管道长度（公里）	污水处理能力（万立方米/日）	污水处理率（%）	再生水利用量（万立方米）	粪便清运量（万吨）
2006	3 398	331	73.2	36 088	175.7
2007	4 357	348	76.2	49 501	189.1
2008	4 458	329	78.9	60 000	206.8
2009	4 495	356	80.3	64 999	211.2
2010	4 479	365	81.0	68 014	194.4

（续）

年份	污水管道长度（公里）	污水处理能力（万立方米/日）	污水处理率（%）	再生水利用量（万立方米）	粪便清运量（万吨）
2011	4 765	369	82.0	71 012	207.5
2012	5 735	389	83.0	75 003	207.2
2013	6 363	393	84.6	80 108	220.7

数据来源：2014 北京统计年鉴。

3.2.5 水资源将成为考核项目的评估指标

中国的水资源使用效率较低。中国的水资源生产力为 3.60 美元/立方米，低于中等收入国家的平均水平（4.80 美元/立方米）和高收入国家的平均水平（35.80 美元/立方米）。中国和世界在这方面存在的差距在很大程度上是因为产业结构以及水利用效率不同造成的。

中国农业用水量占总用水量的 65%。由于灌溉系统广泛存在的浪费现象以及不同作物之间、同一流域的不同地区之间水资源分配欠佳，在所有产业中，农业的水资源生产力是最低的。农业用水中，大约只有 45%真正被农民用于灌溉庄稼。中国工业用水量占总用水量的 24%，工业的循环用水比率平均为 40%，而发达国家为 75%～85%。

造成中国水资源生产效率低下的一个主要原因是水资源配置系统的效率不高。根据世界银行研究表明，在不同的产业、行业之间，以水的经济价值（EVW）来衡量的水资源生产力差异巨大——水稻灌溉为 1.0 元/立方米，蔬菜生产为 12.3 元/立方米，制造业为 21.3 元/立方米，而服务业为 33.7 元/立方米。在极度缺水的地区存在如此巨大的差距，表明在水资源的配置中市场意识严重不足。如何有效利用水资源成为中国亟待解决的重大课题。①

① 数据来源：世界银行。

面对中国水资源利用效率不高以及北京缺水的实际情况，结合2014年习主席提出了“节水优先、空间均衡、系统治理、两手发力”的战略思想，水利部确定了“以水定城、以水定地、以水定人、以水定产”的指导方针，政府今后对重大规划、重大政策、重大项目需要进行人口评估、交通评价和水资源评价，并研究建立与人口调控挂钩的政府投资、公共资源分配机制。水资源成为考核项目的评估指标，这是节水优先原则的体系，更是北京水资源利用的一大发展趋势，从源头上限制耗水项目的启动。

3.3 北京水资源管理现状

3.3.1 政府管理部门规范化

从政府角度看，为了可持续地满足社会经济发展和改善环境对水的需求，水行政主管部门运用法律、行政、经济、技术等手段对水资源的分配、开发、利用、调度和保护进行管理，使水资源管理向规范化专业化转变。从管理的内容上看，主要包括以下5个部分：水资源的所有权、开发权和使用权，水资源的政策，水量的分配和调度，防洪问题和水情预报。

从组织机构关系上看，我国的水资源属于国家所有，水资源的所有权由国务院代表国家行使。国家对水资源实行流域管理与行政区域管理相结合的管理体制。国务院水行政主管部门负责全国水资源的统一管理和监督工作。国务院有关部门按照职责分工，负责水资源开发、利用、节约和保护的有关工作。水利部作为国务院的水行政主管部门，是国家统一的用水管理机构（图3.7）。

北京的水务建设。首先从建设历史上看，新中国成立后，北京水务事业大体经历了4个发展阶段：整修恢复与初步建设时期、大规模建设和调整时期、巩固配套与重点建设时期、城乡水务统筹建设管理时期。到了21世纪初期，迎来北京水务事业发展的机遇期：

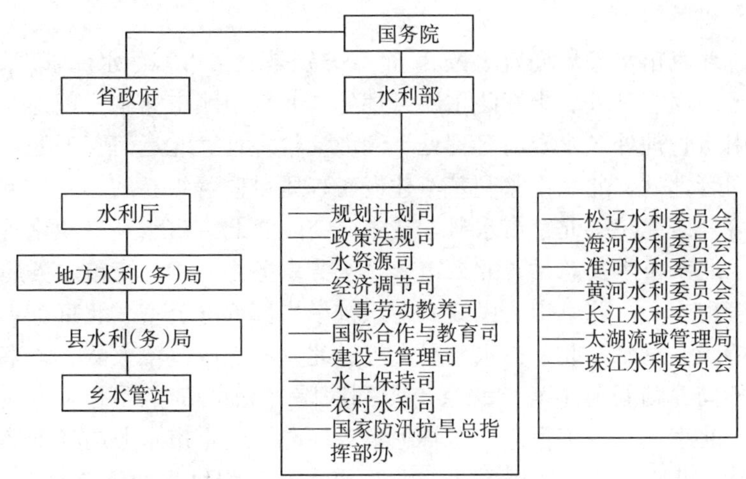

图 3.7 我国水资源管理组织结构

2004 年 5 月，经国务院批准，市政府决定，成立北京市水务局，旨在加强对北京市水资源实施集中统一管理，建设节水型社会。目前，进入水务发展的攻坚期，水资源成为考核项目的评估指标，如何实现好水资源持续与经济发展的关系，成为水务部门必须攻克的难关。

北京市的水务机构系统分 3 个层次，分别是 19 个局机关处室、33 个局属单位和 14 个区水务局。

北京市水务局作为市政府的组成部门，承担了北京市全部水行政管理职责，主要包括：水务规划、水资源管理、供水、节水、排水、污水治理、水工程管理、水环境保护、防汛抗旱、水政监察与执法等内容。北京市水务局设置局机关处室 19 个，分别是办公室、法制处、研究室、规划计划处、水资源管理处、工程建设与管理处、郊区水务处、供水管理处、排水管理处、北京市节约用水办公室、安全监督处（应急工作处）、科技教育处、宣传处、财务处、审计处、人事处、机关党委（工会团委）、离退休干部处、纪委及监察机关。

北京市水务局局属单位 32 个，分别是北京市官厅水库管理处、密云水库管理处、十三陵水库管理处、北京市城市河湖管理处、京密引水管理处、永定河管理处、潮白河管理处、北运河管理处、凉水河管理处、北京市水利基本建设工程质量监督中心站、北京市水利规划研究院、北京市水科学技术研究院、北京市水利自动化研究所、北京市水文总站、北京市郊区水务事务中心、北京市水务局房屋管理中心、北京市人民政府防汛抗旱指挥部办公室、北京市水土保持工作总站、北京市水务局党校、北京市水政监察大队、北京市水务局后勤服务中心、北京市水利医院、北京市节约用水管理中心、北京市水务工程建设与管理事务中心、北京市水务局老干部活动站、北京市水利水电学校、北京市水利工程供水经营核算中心、北京市水库移民事务中心、北京市水务信息管理中心、北京市排水管理事务中心、北京市水务宣传中心、北京市水资源调度中心。

北京市区水务局 14 个，分别是朝阳区水务局、海淀区水务局、丰台区水务局、门头沟区水务局、房山区水务局、通州区水务局、顺义区水务局、大兴区水务局、昌平区水务局、平谷区水务局、密云区水务局、延庆区水务局、怀柔区水务局和石景山区水务局。

3.3.2 政府管理手段多元化

为了解决日益复杂的水资源问题，必须深入贯彻落实科学发展观，坚持节约资源、保护环境的基本国策，实行最严格的水资源管理制度，大力推进水资源管理从供水管理向需水管理转变，从过度开发、无序开发向合理开发、有序开发转变，从粗放利用向高效利用转变，从事后治理向事前预防转变，对水资源进行合理开发、高效利用、综合治理、优化配置、全面节约、有效保护和科学管理，以水资源的可持续利用保障经济社会的可持续发展。现阶段主要采用的管理手段有以下 3 种，其一是依靠行政组织，运用命令、规定、指示和条例等行政手段发挥在管理中的作用。如取水许可制度，在法律保证下进行水资源管理的一种行政手段。其二是经济措施，利用经济杠杆管理好水资源，完善有偿使用的制度，它是调节开发利用水资源的有效手段。其三是信息化管理手段。如建立水资源实时数据库，通过接收、传递和处理各类水资源管理信息，使管理者能及时实现水资源管理环节之间的联系和协调，实现科学管理。此外，系统分析的方法是实施水资源调配和管理的一个基本方法。

北京市水务管理充分使用了上述 3 种方法，从依靠行政组织和行政手段上看，首先设立了市级和区级水务局，对辖区内的水资源进行统一管理，其次出台了《北京市南水北调工程保护办法》、《北京市节约用水办法》、《北京市排水和再生水管理办法》、《北京市自建设施供水管理办法》、《建设项目节水设施方案审查办理指南（试行)》、《北京市建设项目水影响评价文件技术审查控制要素》等地方性政府规章和行政规范性文件，指导和规范水资源利用。

从经济措施看，主要是调整水价，《北京市发展和改革委员会关于北京市居民用水实行阶梯水价的通知》（京发改〔2014〕865 号）要求按年度用水量计算，将居民家庭全年用水量划分为 3 档，水价分档递增。第一阶梯用水量不超过 180 立方米，水价为每立方米 5 元；第二阶梯用水量在 181～260 立方米，水价为每立方米 7 元；第三阶梯用水量为 260 立方米以上，水价为每立方米 9 元（表 3.9)。非居民用水水价，北京市洗车业、洗浴业、纯净水业、高尔夫球场、滑雪场用水户为特殊行业用户，水价为每立方米 160 元；除上述特殊行业用户外，北京市工商业、旅游饭店餐饮业和行政事业等其他非居民用户，自 2015 年 1 月 1 日起，水价为每立方米 8.15 元，且执行超定额累进加价政策。共用一块水表计量、具有不同用水性质的混合用水户，应主动与供水单位联系办理单独装表计量事宜；不具备单独装表条件的，经供水单位认定，可安装二级计量水表分别计量收费；凡不单独装表（或二级表）的混合用水户，供水单位按水价从高的原则收费。

从信息化管理手段看，市级水务局及其局属单位、各区水务局均建立了官方网站。一方面，将工作职能、工作进展和财务支出等内容向市民公开；另一方面，市民可以实现部门业务网上，为群众提供了便利。此外，对北京城市河湖水情的水位、流量、日平均流量，大中型水库水情的库水位、蓄水量、日平均入库流量、日平均出库流量、用水量等数据进行实时监控和数据公开。

表 3.9　北京市居民用水阶梯水价表

供水类型	阶梯	户年用水量（立方米）	水价（元/立方米）	其　中		
				水费（元/立方米）	水资源费（元/立方米）	污水处理费（元/立方米）
自来水	第一阶梯	0～180（含）	5	2.07	1.57	1.36
	第二阶梯	181～260（含）	7	4.07		
	第三阶梯	261 以上	9	6.07		
自备井	第一阶梯	0～180（含）	5	1.03	2.61	1.36
	第二阶梯	181～260（含）	7	3.03		
	第三阶梯	261 以上	9	5.03		

3.3.3　自来水集团市场管理科学化

北京市自来水集团是担负首都供水重要使命的大型国有独资企业，它的前身是始建于 1910 年的京师自来水有限公司。自来水集团公司承担着北京市城八区（石景山区部分）和门头沟区、延庆区、怀柔区、密云区、房山区、大兴区、通州区等区的自来水供应，涉足污水处理和中水行业，同时还承担着地下供水管网的安装、抢修、管件器材、水表的生产供应，管道维护及水费的查收等。截至 2006 年底，自来水集团公司有水厂 19 座，日供水能力

322 万立方米。北京市年供水量 7 亿多立方米，供水管线总长度近 8 000 公里，供水服务面积 600 多平方公里，市区用水普及率达 100%。

科学记录用水量是节约用水的必然要求。2003 年，北京市自来水集团开始使用有线远传水表、无线远传水表、电力载波远传水表和 IC 卡水表取代传统水表，用高科技手段取代传统的查表方式，逐步实现“查表不入户”。到 2004 年底，全年已安装 IC 卡水表 5 万余个，远传水表 2 万余个。

水费管理是用水管理的重要环节。为了方便居民交水费，北京市自来水集团相继与多家金融机构签订委托代收水费协议，设立了上千个网点代收水费，且上百个小区设立 POS 机自助缴水费，极大地方便了用户。此外，市自来水集团还将完成营销缴费账务处理系统升级改造，与银行搭建信息平台，通过网上划拨、电话交费，逐步实现用户“交费不出门”。

为了不断提高首都供水服务水平，为市民提供更加优质的服务，北京市自来水集团正式组建成立了“供水服务热线”，通过计算机网络系统对各维修所、闸门班进行远程管理、时限控制和动态追踪，为社会提供一个多层次、全方位的供水服务，成为北京市自来水集团与广大用户联系的桥梁和纽带。此外，为了鼓励广大市民积极参与报漏和举报违章用水行为，北京市自来水集团还设立了供水服务热线百万元奖励专项基金，对提供管网漏水信息、私自改变用水性质、转供水、窃水信息经核实属实的第一人，予以一定比例的奖励。

3.3.4 地下水管理向现代化转变

众所周知，地下水问题是北京市水资源利用的最大问题，管理好地下水成为水资源管理的重中之重。为此，北京市出台了“自备井置换市政管网供水”，旨在减少杂乱无序的自备井使用，除强制关闭部分自备井外，鼓励大部分自备井用户更换市政管网供水，实现地下水管理现代化。

自备井全称自备水源井，主要是指一些厂矿、机关和院校等开凿的、供自身生产生活用水的水源井。自20世纪70年代，为了缓解用水紧张和市政供水管网建设滞后的问题，朝阳区、海淀区、丰台区、石景山区的一些单位、机关、院校、小区先后开凿了一批自备井，以解决自身生产生活用水。自备井曾为北京市经济社会发展做出巨大贡献，但由于产权分散等原因，自备井统一管理程度较低，在自备井开采运行过程中也产生了很多问题，主要有出水水质恶化、出水量降低和新打井与老井的相互干扰等。尤其是近年来其供水的安全风险在不断加大。在2014年城镇自备井水质抽检中，总大肠菌群、硬度和硝酸盐等几项指标超标；由于更新维护不足、管网年久失修，供水事故时有发生。再加上近年来地下水超采严重，部分地区浅层水井已经出现了井干无水的现象。

随着长江水的进京，北京的“水家底”增加。此外，2014年底建成郭公庄水厂一期，改变了北京南城没有主力水厂的供水格局，同时进一步扭转北京中心城区、南部和东部地区自来水供水压力不足的现状；预计2015年建成的北京市第十水厂，设计日供水能力可达50万立方米，建成后可改善朝阳区以及通州新城、亦庄部分地区的供水状况。这意味着北京市自来水集团的供水能力将从现在的322万立方米/天，提高到超过400万立方米/天，能够满足用户需求。

一方面是自备井的弊端日益突出，另一方面是北京自来水公司供水能力的增强，具备了将自备井置换成市政管网供水的现实条件。2014年11月19日，北京市水务局发布2015—2020年城区自备井置换方案，5年内，城六区的6 900眼自备井将全部关闭，所供给的284万人的饮水将并入市政供水管网。其中，2015—2016年，主要置换东部定福庄、东坝、垡头地区，南部南苑、丰台地区，这些地区处于市政供水管网供水范围内，长期使用自备井，供水水质较差、供水能力不足且位于地下水严重超采区域；2017—2018 年，继续置换东部定福庄、东坝、垡头地区，南部南苑及丰台地区，北部海淀山后地区及西苑、石景山地区；到 2020 年前，将中心城区 90%的自备井供水置换成市政管网供水。除了城区，遍布乡村的自备井也开始被严管。北京市正在建设地下水远程监测系统，已有 900 眼自备井安装了远程传输水表，北京市水文总站还设置了 885 眼水位监测井，逐步实现北京市地下水资源的远程监测和管理。

3.4　北京奶牛养殖业的水资源利用现状

通过前文对北京市奶牛养殖业的现状分析可知，北京奶牛养殖业呈现出存栏规模缩减、集中趋势，奶牛单产水平不断提高，但区单产水平差异明显，规模养殖场和乳制品生产企业数量减少等特点，可以看出奶业市场不景气，同时奶业产业进入产业升级阶段。通过前文对北京市水资源的现状分析可知，水资源分布不均，生态涵养区水资源最丰富，其次是城市发展新区，再次是城市功能拓展区；地下水资源为主要来源，且存在过度使用；农业用水和生活用水为用水大户；污水处理能力不断提高；水资源管理趋向集中化、多元化；自来水集团发展迅速，供水用水管理更科学；实行自备井置换计划，地下水监管更严格。

虽然北京水资源的管理体系在居民用水、商业用水等方面较为完善和健全，但是在对养殖业用水的管理制度上还处于探索阶段，缺乏有序的管理，在用水数据监管方面，重要指标的监测几乎空白。以奶牛养殖业为例，养殖场奶牛总用水量、养殖场挤奶厅用水量、奶牛日常饮用用水量、牛舍清洗用水量、牛群洗澡用水量等这些衡量养殖场用水量的主要指标，无论是按日计还是月计都无法获取准确数据。这主要是因为北京奶牛养殖场没有水表，养殖用水主要来自于村集体或自己打的自备井。其次也与政府鼓励养殖业发展，不收取水费有关。因此，早期的养殖场建设时，并没有要求安装水表。

这为本书的研究增加了难度，也是本研究的主要亮点——如何在没有水表，没有精确数据的背景下，如何通过有效的问卷设计，实地走访收集到奶牛养殖业用水情况的真实而有效的第一手资料；如何整理分析调研数据，描述出北京奶牛养殖业水资源利用现状，并找到水资源利用存在的问题。本研究在前期预调研基础上，确定了从以下 4 个方面展进行问卷指标设计：水资源来源渠道及其使用情况、水资源的使用环节及其用水量、水资源成本情况、对水费征收和自备井置换的接受情况（调查问卷见附录 1）。

3.4.1 样本说明

本研究依托北京市奶牛创新团队提供的示范牛场月度数据网络信息监测平台，获取了 2014 年 1 月至 2015 年 6 月，43 个示范牛场在牛存栏、成本和收益等方面较为翔实全面的信息。在水资源利用现状的问卷调查和走访中，以这 43 个示范牛场为主要调查对象，其他牛场为补充调查对象进行了数据收集。共调查了 55 个奶牛养殖场，其中有效问卷 48 份，占总数的 87.27%。

依据《全国农产品成本收益汇编》2004 年起至今沿用的奶牛养殖场规模的划分标准，样本中散户养殖场无；小规模养殖场 2 个；中规模养殖场 33 个，占总量的 68.75%；大规模养殖场 13 个，占总量的 27.08%。这与北京奶牛养殖场以中大规模为主的实际情况相吻合，调查的样本具有合理的现实拟合性。

3.4.2 水资源渠道与用水设备情况

3.4.2.1 地下水水资源为主要来源

根据调研数据发现，北京奶牛养殖场水资源来源渠道以地下水为主，高达84.4%，其次为自来水公司供水和湖泊河流等收集水，占比分别为17.8%和4.4%（图3.8）。

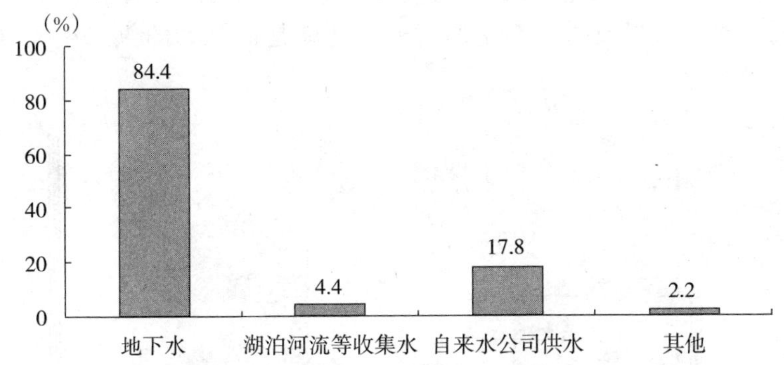

图3.8　奶牛养殖场水资源来源渠道分布情况

此外，在有效回收的48个样本中，只有3个养殖场有2种及以上的水资源来源渠道，其他均为单一水资源来源渠道。除7个养殖场水资源来自自来水公司供水外，其他均来自地下水。

可见，北京奶牛养殖场对地下水资源依赖程度高，且水资源来源渠道单一，尤其是对湖泊河流、降雨等收集水的利用严重不足，只有不到5%的养殖场建立了收集雨水池，约2%的养殖场使用了收集水。

3.4.2.2　压力储水罐为主要用水设备

本研究拟用压力储水罐、水泵的个数和容量来估计奶牛养殖场的用水情况。压力储水罐本质是一个储存压力水的容器，其内部有压力空气室，上面安装的电接点压力表控制水泵的启、停。其工作原理是，当罐内压力低时，电接点压力开关触点接通，水泵启动泵水，多余的水注入罐内储存。如果罐内的水压升高到上限，则压力表电触点断开，水泵停转，暂停上水。如此循环，维持给水系统的压力一直处于正常的范围。通常空气和水体积的比例为1∶2或2∶1，当压力在上限时，气体与水的比例为1∶2；

当压力在下限时，气体与水的比例为 2：1。此外，压力储水罐的使用，要配合水泵，水泵工作频率每日启动次数不宜超过 5 次。例如，外来的水先接入水泵进口，水泵出口接一个单向阀，单向阀出水接水罐及供水系统的管道，这就是最基本的供水单元（图 3.9）。

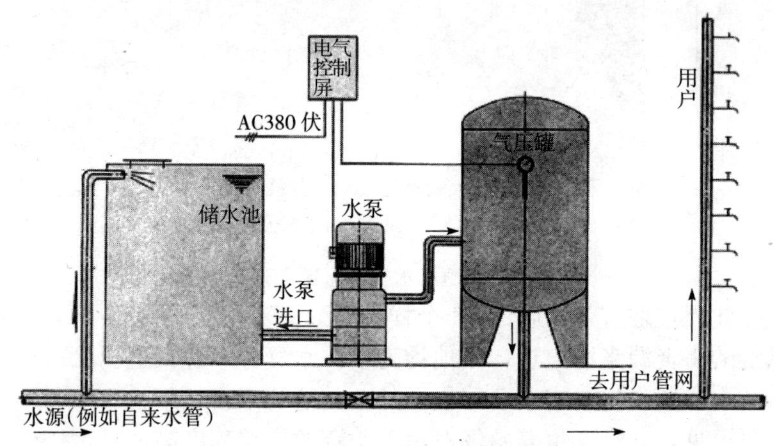

图 3.9　压力储水罐工作原理

目前，市场上的压力储水罐价格相对养殖场金额较大的饲料成本投入和固定资产投入，它的价格是比较实惠的。根据储水量、底盘材料等的不同，价格不一，但相对波动不大，即使不同品牌间相比，同等容量的压力储水罐相差也就在 200～500 元。日耗水量3～5 吨的奶牛养殖场，一般配置 5 立方米压力罐（图 3.10）。

依据调研数据发现，有 34 个示范养殖场使用压力储水罐，占总样本的 70.8%。其中，5 个养殖场有 2 个压力储水罐，1 个养殖场有 3 个压力储水罐。有 35 个养殖场使用水泵，占样本的 72.9%。

压力储水罐的容量大部分集中在 1～10 吨，占总数的 66.67%；

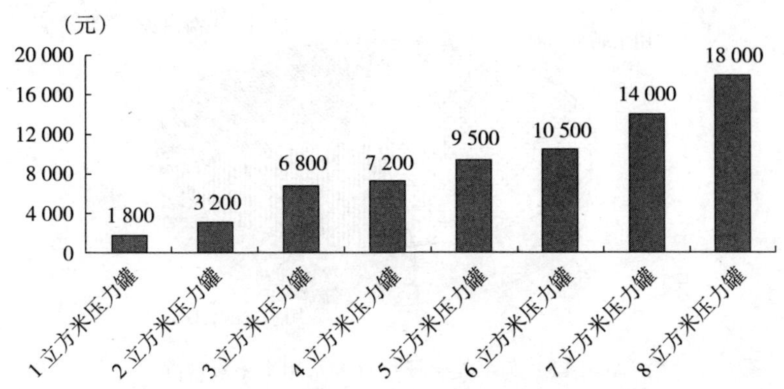

图 3.10　1～8 立方米压力罐市场价格

水泵的压强大部分集中在 3.5～10.5 千瓦，占总数的 50%。压力存水罐和水泵共同工作 1 次，产生的水量大部分主集中在 0～15 吨，占总数的 62.9%。其中，0～5 吨，占总数的 34.78%。

3.4.3　水资源使用情况

3.4.3.1　近七成奶牛养殖场存在供需不平衡

养殖场每日供水量大部分集中在 0～15 吨，占总数的 56%。其中，5～10 吨的占 24%。每日用水量大部分集中在 0～15 吨，占总数的 57.89%。其中，5～10 吨的占 21.05%。

比较每个养殖场的每日供水量与用水量差额，发现约 32%的养殖场供水量与用水量相等；20%的养殖场供水量小于用水量，即水不够用；48%的养殖场供水量大于用水量，水有剩余（图 3.11）。其中，每日剩余量在 0～5 吨所占比重最大，为 58.34%；其次是剩余量 5～10 吨，为 25.00%（图 3.12）。

具体分析用水剩余原因，发现主要是因为部分养殖场还承包着土地进行种植。因此，不能把较大的用水剩余认为是水资源浪费。

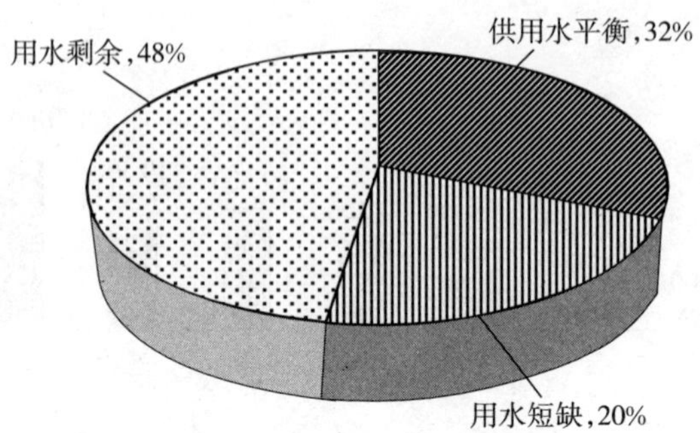

图 3.11　奶牛养殖场每日供水用水差额情况

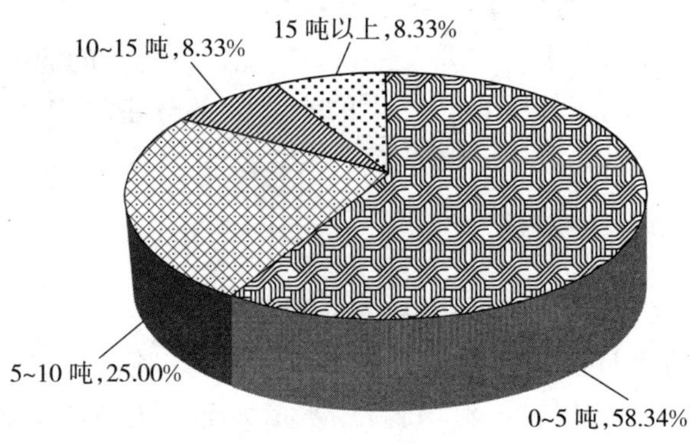

图 3.12　奶牛养殖场每日用水剩余量分布情况

3.4.3.2　每头奶牛日用水量均值为 48.95 千克

通过计算每日用水量与奶牛存栏头数的比值，得到每日每头奶牛用水量。结果发现，有效样本该指标均值为 48.95 千克。其中，1 头奶牛每日用水量主要集中在 25～50 千克，占 34.29%；其次是 0～25 千克，占 28.57%。虽然 1 头奶牛每日用水量在 50 千克以下的比重达 62.86%。但是，1 头奶牛每日用水量达 95 千克以上，也占到了 17.14%，这需要引起高度重视，表明存在高耗水的奶牛养殖场（图 3.13）。

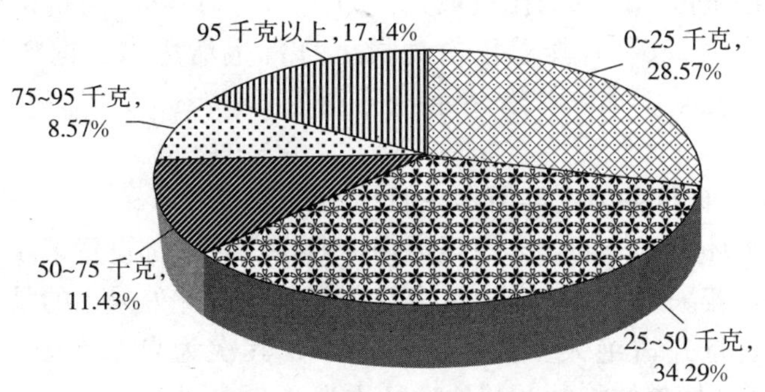

图 3.13　1 头奶牛每日用水量情况

3.4.3.3　牛群日常饮用为主要用水环节

根据调研数据，进行多重响应分析，发现 100％的养殖场都会在牛群日常饮用方面消耗水资源，11.1％的养殖场会在夏季或干燥时给牛群洗澡消耗水资源，88.9％的养殖场会进行挤奶厅清洗消耗水资源，53.3％的养殖场会在饲料调制上消耗水资源，仅 22.2％的养殖场在牛舍清洗消耗水资源，95.6％的养殖场在员工日常生活用水上消耗水资源（图 3.14）。

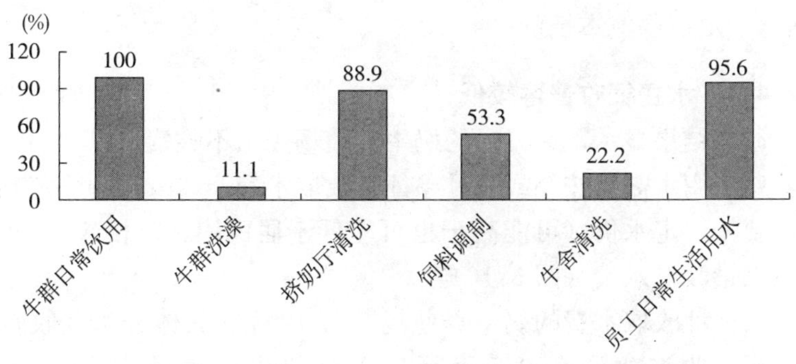

图 3.14　北京奶牛养殖各环节用水情况

具体到每日用水量的分配上，样本的总体均值如下：牛群日常饮用消耗量占总用水的比重最大，为 67.73%；其次为挤奶厅清洗用水，为 16.85%；接着依次为员工日常生活用水、饲料调制用水、牛群洗澡用水和牛舍清洁，分别为 5.66%、3.98%、2.87% 和 2.91%。

3.4.3.4 自打井为主要用水来源

用水环节对应的水来源渠道中，对每个环节都设置了 4 个水来源渠道，若采用个案百分比，会显得累赘，故此处采用的是多重百分比。自打井占绝大多数，为 90.1%；其次为自来水公司供水，为 8.5%；村集体打井和其他途径均为 0.7%（图 3.15）。

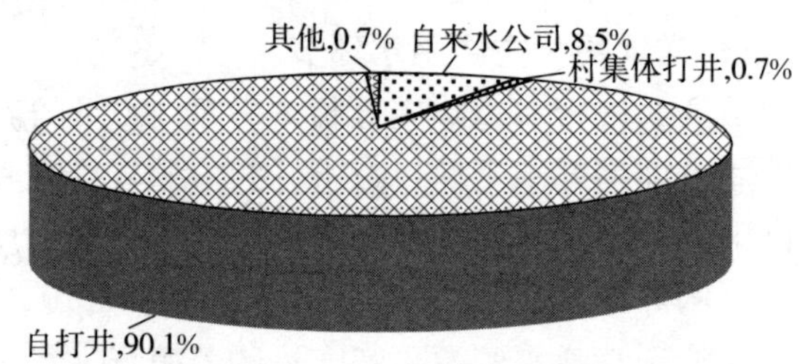

图 3.15 养殖场用水环节的来源渠道

3.4.4 水资源成本情况

3.4.4.1 水费征收普遍较低

调查结果显示，36.1%的奶牛养殖场用水不收费，41.7%的奶牛养殖场用水需要按年或按月象征性收取水费，22.2%的养殖场用水需要按一定水价（可能高于也可能低于居民用水价格），以实际使用水量收取水费（图 3.16）。

象征性收取水费的奶牛养殖场共有 12 家，具体分析其收费标准发现，收取水费在 0.5 万元以下的奶牛养殖场有 12 个，占 60%；收取水费 0.5 万～1 万元（不包括 0.5 万元和 1 万元）和收取水费在 1 万元以上的奶牛养殖场各有 8 个，各占 20%（图 3.17）。

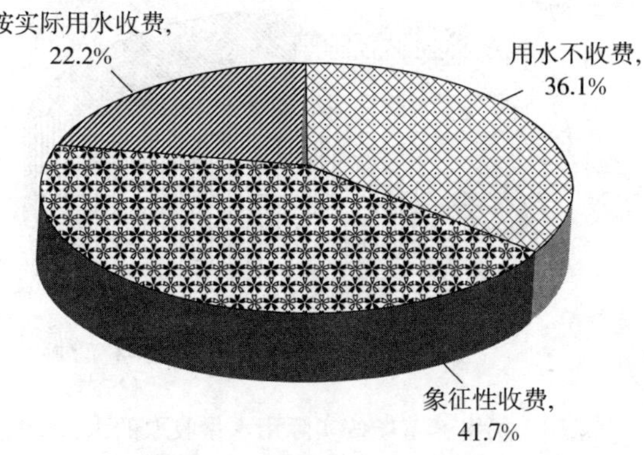

图 3.16 奶牛养殖场水费征收方式

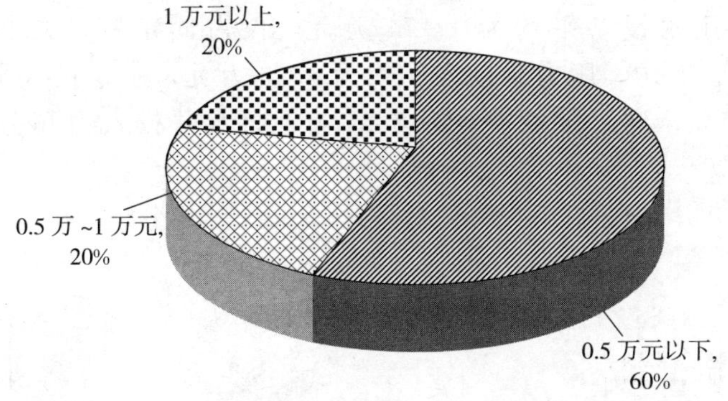

图 3.17 奶牛养殖场象征性收取水费情况

按实际用水收取水费的奶牛养殖场共有 12 个，具体分析其收费标准发现，收取水价在 0.5 元/吨以下的有 3 个，占 25%；水价 0.5～3 元/吨（不包括 0.5 元和 3 元）有 4 个；3 元/吨以上的有 5 个。58.33%的水价在 3 元/吨以下，而北京市居民在第一阶梯即最低水价为 5 元/吨，奶牛养殖业水价普遍比北京市居民用水水价低约40%（图3.18）。

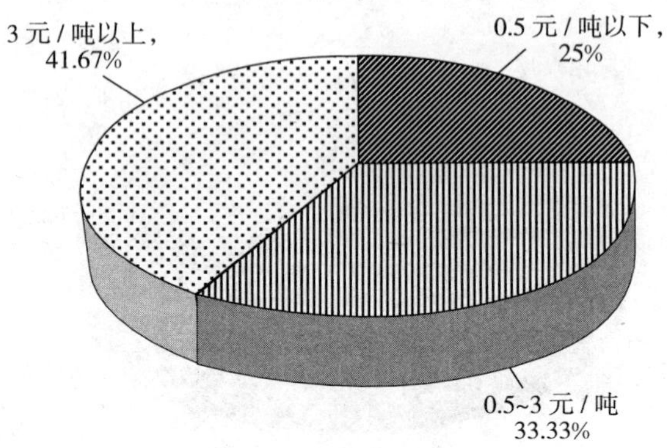

图3.18　奶牛养殖场按实际用水量收取的水价情况

3.4.4.2　用水设备投入严重不足

调查结果显示，奶牛养殖场的固定资产总投入平均为1 293.41万元。用水设备平均为14.74万元，仅占固定资产总投入的1.14%。其中，压力罐投入平均为4.23万元，水泵投入平均为0.76万元，淋浴设备投入为3.89万，打水井投入为6.43万元（图3.19）。

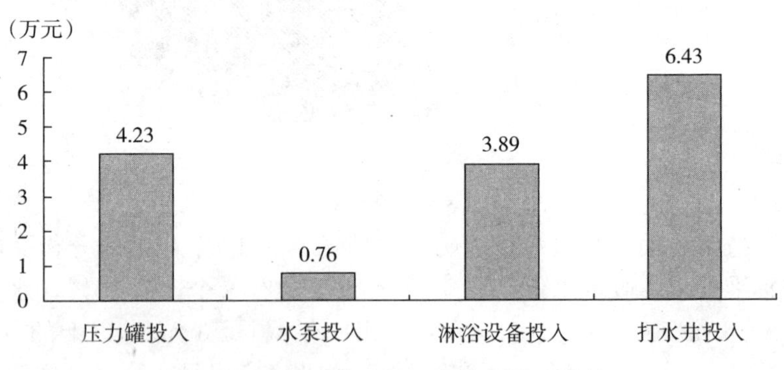

图3.19　奶牛养殖场用水设备投入情况

3.4.4.3 头均奶牛每月用电成本约 22.4 元

每月电费花费在 0～0.5 万元（包括 0.5 万元）的养殖场有 16 个，占总样本的 41.03%；电费花费在 0.5 万～1 万元的养殖场有 10 个，比重为 25.64%，电费花费在 1 万～3 万元的养殖场有 8 个，比重为 20.51%；电费花费在 3 万元以上的养殖场有 5 个，比重为 12.82%（图 3.20）。

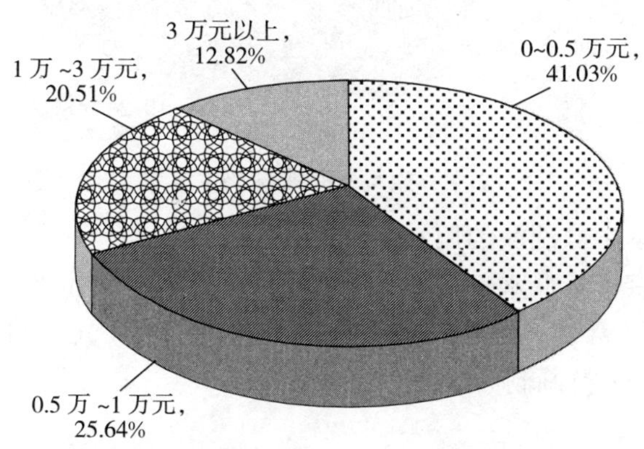

图 3.20 奶牛养殖场每月电费花费情况

从头均奶牛电费的支出情况上看，样本总体均值为 22.4 元。54.05%的养殖场电费支出在 20 元以下。其中，10 元以下的养殖场占 21.63%，10～20 元的养殖场占 32.43%。此外，头均奶牛电费支出在 20～30 元和 30 元以上的养殖场分别占 21.62%和 24.32%（图 3.21）。

3.4.4.4 头均奶牛每月用水成本 8.22 元

分析调研数据发现，每日用水总量均值为 29.49 吨。其中，牛群日常饮用均值为 20.75 吨，牛群洗澡均值为 4.02 吨，挤奶厅清洗均值为 2.81 吨，饲料调制用水量均值为 1.10 吨，牛舍清洗均值为 2.09 吨，员工日常生活用水均值为 1 吨。牛群洗澡用水的比重远比挤奶厅用水比重少，但用水量却比挤奶厅多 1.21 吨。这主要

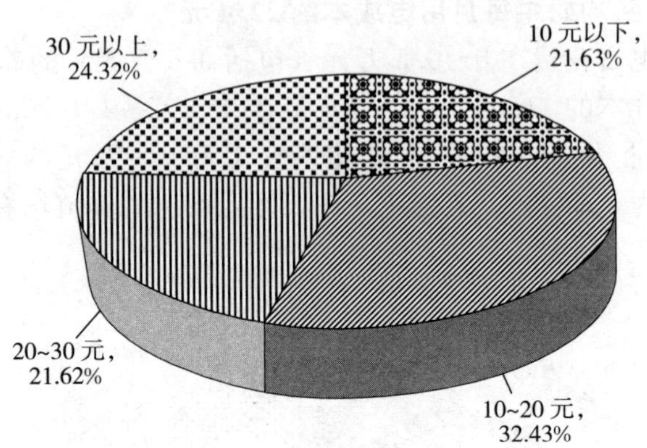

图3.21 奶牛养殖场每月头均奶牛电费支出情况

是因为夏季牛群洗澡的用水量大造成的。

按北京市最低水价5元/吨计算，每日用水成本约150元。其中，牛群日常饮用103.75元，牛群洗澡20.1元，挤奶厅清洗14.05元，饲料调制5.5元，牛舍清洗10.45元，员工日常饮用5元（图3.22）。

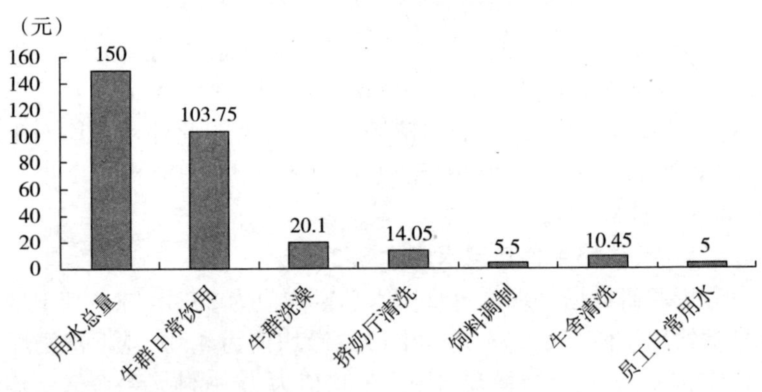

图3.22 奶牛养殖场平均每日用水成本情况

头均奶牛每月用水成本约 8.22 元，比每月用电成本少 14.18 元。可见，用水成本远小于用电成本。

3.4.5　水费征收和自备井置换的态度

3.4.5.1　水费征收制度对养殖积极性影响较大

在对“养殖场采用水阶梯水价法收取水费”的应对方式调查中，结果显示，7.5%的受访者认为无所谓，影响不大；45%的受访者场会考虑升级改造节水设备，科学节水；35%的受访者认为成本太高，考虑转行；10%的受访者表示不清楚，会随大流变化；2.5%的受访者选择其他应对方式。虽然大部分养殖场无论是否征收水费，仍会坚守养牛，但是不能够忽视水费征收制度对奶农经营的积极性影响还是十分明显的（图 3.23）。

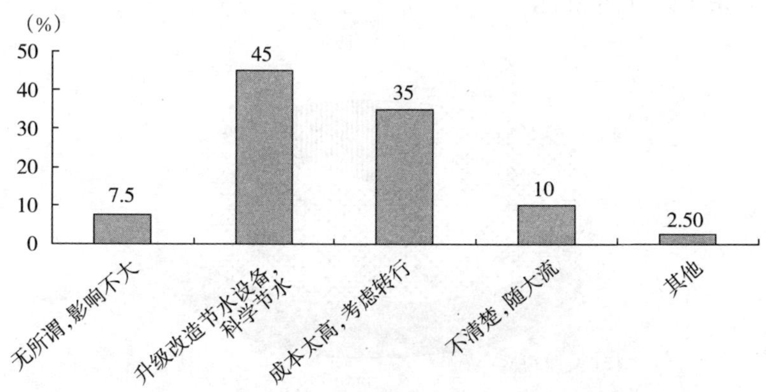

图 3.23　奶牛养殖场对水费征收制度的态度

在对“水费征收对奶牛养殖业节水效果”的调查中，结果显示，2.5%的受访者认为效果显著；30%的受访者认为有一定效果；10%的受访者认为效果不明显；7.5%的受访者认为没有效果；50%的受访者认为会影响奶农养殖积极性（图 3.24）。

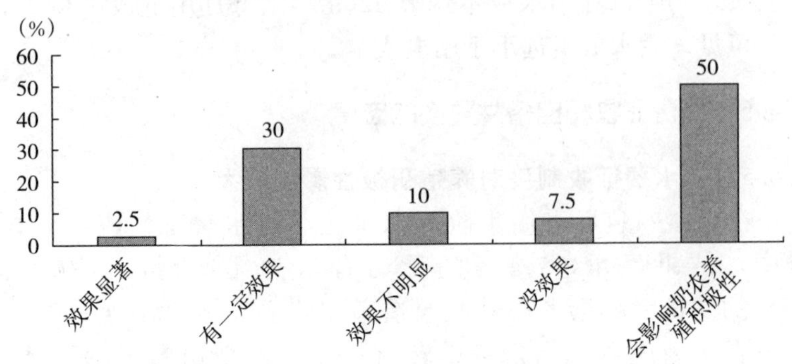

图 3.24 水费征收对节水的效果

3.4.5.2 绝大部分养殖场对自备井置换市政管网供水不感兴趣

在对“是否了解《2015—2020 年城区自备井置换工作方案》”的调查中，结果显示，84.6%的养殖场表示不了解；15.4%的养殖场表示了解（图 3.25）。

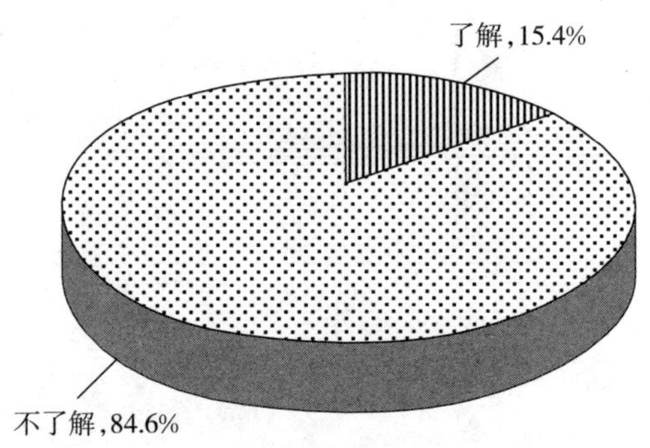

图 3.25 对自备井置换工作的了解情况

在对“养殖场是否有自备井取水许可证”的调查中，有 25.6%的养殖场表示有自备井取水许可证，74.4%的养殖场表示没有自备井取水许可证（图 3.26）。

在对“是否打算申请自备井置换市政管网供水”的调查中，

23.7%的养殖场表示打算申请，76.3%的养殖场不打算申请（图3.27）。

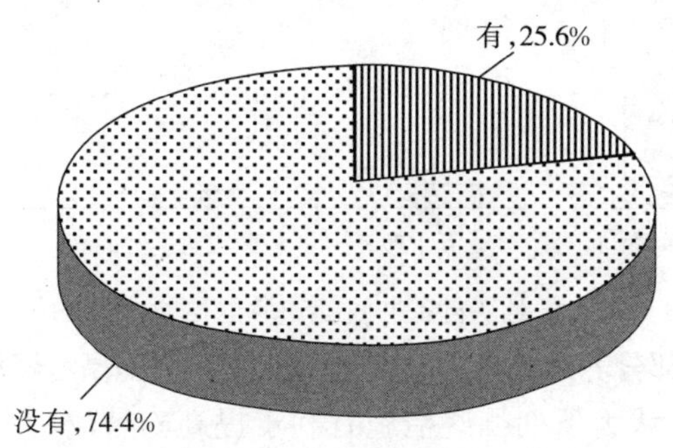

图 3.26 有无自备井取水许可证

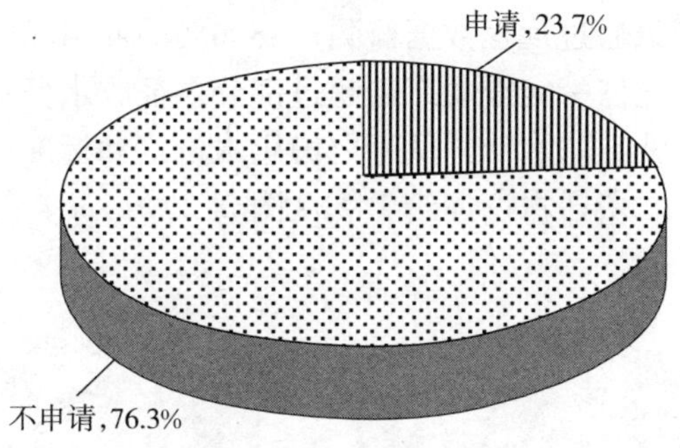

图 3.27 奶牛养殖场是否打算申请自备井置换

3.4.5.3 养殖场普遍担心自备井置换会提高用水成本

在对“您担心自备井置换的主要原因”的调查中（多选题），结果显示，94.6%的养殖场表示担心用水成本高；10.8%的养殖场表示担心自备井置换市政管网供水的改造会流于形式，养殖场并不会从中获益；8.1%的养殖场表示担心自来水公司会因此而盈利增加，且认为其并没有付出相应成本；2.1%的养殖场选择了其他担心，认为接受了自备井更换，征收养殖场排污费用会更高（图 3.28）。

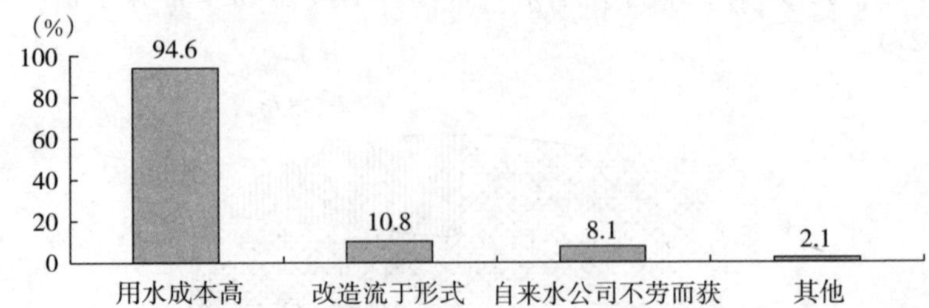

图 3.28　养殖场对“自备井置换市政管网供水”的担心因素

3.4.5.4　大部分养殖场认为监测用水量有利于提高水资源利用效率

在对“您认为下列哪些措施有利于提高养殖场用水效率”的调查中（多选题），结果显示，16.2%的养殖场选择安装水表等用水仪器；2.7%的养殖场选择定期上报用水数据；40.5%的养殖场选择不收水费，只通过远程数据监测；48.6%的养殖场选择制定科学的用水限度，允许一定浮动率，超过部分再征收水费；19.4%的养殖场选择制定特殊的水价，低于居民用水价格和标准；28.6%的养殖场选择收取水费，再返还给牛场（图 3.29）。

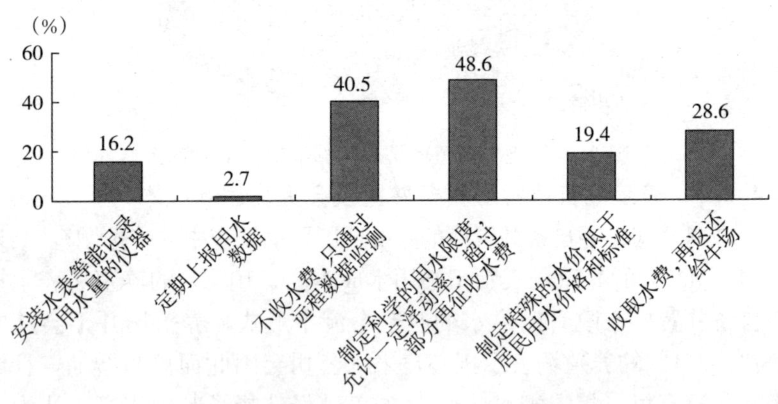

图 3.29　养殖场对提高水资源利用绩效的建议

3.5 本章小结

从北京奶牛养殖业发展现状看，存栏规模上一方面总量呈缩减趋势，2012—2013 年的增长率分别为 0.5％和－4.6％；另一方面，布局上呈集中趋势，逐渐往城市发展新区集中，存栏比重占北京市的 65％左右，且房山区、通州区的年增长率远高于北京市平均水平（－4.6％），分别为 34.8％和 4.4％。反之，生态涵养发展区与城市功能拓展区的奶牛养殖规模不断缩小，2013 年存栏增值率分别是－11.7％和－31.4％；虽然存栏规模有所下降，但单产水平仍是不断提高的，2012—2013 年的北京奶牛单产水平年增长率分别为 2.87％和 2.35％。养殖场的管理水平也更加规范。

北京在追求和谐宜居城市的目标过程中，水资源的管理是其必须重视的内容。了解北京水资源的利用和管理现状，有助于在奶牛养殖业水资源管理问题上扬长避短。通过资料分析，发现北京水资源拥有量区差异明显，经济发展状况越好、人越多的区往往水资源拥有量越少，反之经济落后、人口较少的区往往水资源拥有量越多；从用水渠道上，地下水资源为主要用水来源；从用水途径上，农业用水所占比重较大；从水资源管辖上看，政府管理部门规范化，管理手段多元化；从水资源市场上看，自来水集团公司供水用水体系更亲民科学化；从地下水管理上看，向现代化转变，建立了“自备井置换市政管网供水”项目。此外，水资源将成为考核项目的评估指标，水资源的重视从制度上得到了保障。

了解了北京养殖业发展现状和水资源利用管理现状后，以实地走访、问卷调查等方式对北京 55 家养殖场进行了水资源利用绩效情况的调查分析，得出如下结论：①地下水为主要用水来源，与之相适应的是自打井和压力储水罐的普遍使用；②牛群日常饮用为主要用水环节，占总用水的 1/2 以上；③水费征收普遍较低，用水成本远小于其实际市场价值；④水费征收制度对养殖积极性有较大影响；⑤大部分养殖场对“自备井置换市政管网供水”计划不感兴趣，担心会提高其用水成本。

4 奶牛养殖业水资源利用绩效评价指标体系构建

对水资源利用绩效的正确评价是水资源可持续利用和管理的依据，也是与水资源有关的工程合理规划和正常运行的前提。而要对水资源利用绩效情况进行评价，首先要解决的问题就是评价指标体系的确定及其构建问题。通过对北京奶牛养殖业水资源利用现状的分析，发现北京奶牛养殖业的水资源来源渠道主要为地下水，用水最多的环节为牛群日常饮用用水，用水模式基本实现自动补水，用水设备主要为压力储水罐和水泵，用水收益主要体现在产奶量上。

本章旨在以北京奶牛养殖业水资源利用现状的基本情况为理论依据，通过构建能反映现实的水资源利用绩效评价指标，为北京奶牛养殖场进行水资源利用绩效评价奠定研究基础。

4.1 指标设计的研究思路

本研究对北京奶牛养殖业水资源利用绩效评价指标体系构建的研究思路是：

第一，确认指标体系构建的基本原则和方法。

第二，建立北京奶牛养殖业水资源利用绩效评价指标体系。指标是指一组来自其他参数的参数或数值，它能够提供关于某种现象的信息。正确选取指标是绩效评价的关键，只有正确的指标才能准确传递出不同规模奶牛养殖场水资源利用绩效的优劣及潜在的原因。本章将从投入、产出两个维度来把握指标设计。

4.2 指标体系构建的基本原则和基本方法

4.2.1 指标体系构建的基本原则

DEA 方法是建立在已知数据集 X_i、Y_i 基础之上，其评价结果直接依赖于输入、输出指标的选择。建立输入、输出指标体系是应用 DEA 方法的一项基础性前提工作。使用 DEA 方法时，指标体系中的输入、输出指标数目也影响着评价结果：若指标选得过多、过细，容易造成大量有效单元的产生；若指标过少、过粗，则不利于发现系统中问题所在，无法为管理者提供充分的决策信息。因此，如何客观地、有针对性地选取输入、输出指标，是 DEA 方法推广应用前要确定指标体系构建的基本原则。

水资源利用绩效评价指标体系构建应该符合以下几方面的原则：①目的性。选取评价指标要考虑到能够实现评价目的，也就是说输入指标与输出指标的选择要服务、服从于系统评价目的，对评价目的有较大影响的指标都应包括在内。②精简性。要考虑评价指标的数量，大量的输入、输出指标将导致有效 DMU 数目的增加，从而降低 DEA 方法的评价功能，评价指标应在满足目的性前提下尽量精简。魏全龄（1988）认为，输入、输出指标总数不宜超过决策单元数量的 1/3。③关联性和相互独立性。一方面，要考虑到输入指标与输出指标之间的联系，要选择逻辑相关而非数值相关的指标；另一方面，要求选取的指标在同一层面应尽可能地相互独立、没有交叉。当某输入指标与其他输入指标存在较强线性相关关系时，可认为该指标的信息已在很大程度上被其他指标所包含。因此，可以考虑将其剔出输入指标，对于输出指标亦然。而当输入、输出指标之间存在线性相关时，则所有决策单元都是 DEA 有效的。因此，应该保持输入、输出指标间不存在较强的线性关系。④可测性。该原则要求在真实反映区域创新绩效的同时，选取的指标数据要能够通过现有资料获取，在公平、公开、公正的基础上确保绩效评价结果的可信度。

上述 4 个基本原则在 DEA 应用构造、选取指标体系时能够给予较好的指导。目的性是根本指导原则，但简单地考虑目的性可能会引进太多的指标；精简性则是需要与之协调的另一重要方面；而关联性、相互独立性和可测性则给出了协调思路、方向和一定的定量方法，有助于指标体系的最终确定。在实际应用过程中，在精简筛选时根据关联性进行筛选，必要时根据可测性和关联性原则保留多套指标，并使指标体系的指标数量 m 与决策单元数目 n 保持如下关系：$2m \leqslant n \leqslant 3m$。

4.2.2　指标体系构建的基本方法

指标体系构建方法有很多，概括起来有定性方法和定量方法。

4.2.2.1　定量选取指标

定量分析是根据指标间数量关系运用数学方法筛选指标。这类方法筛选指标论证严密、筛选指标比较客观。但是，对于指标的筛选只依赖数据本身和论证结果，有可能和客观实际脱离，并造成指标之间逻辑关系不明确的结果。

4.2.2.2　定性选取指标

定性选取指标是运用系统思想，根据评价目标对评价对象进行深入系统剖析，把评价对象分解不同方面，在对每一方面属性进行深入分析基础上，提出反映各个方面的衡量指标，把这些指标组合起来构成指标体系。这种选取方法虽然具有一定主观性，但是其优势是可以构建指标之间的逻辑关系，所构建指标体系能够反映评价体系的全貌。

本研究采用 DEA 数据包络分析模型对数据进行处理，它要求数据具有可测量性。因此，本研究指标体系构建全部采用定量指标。

4.3 奶牛养殖业水资源利用绩效评价指标

4.3.1 产出指标

4.3.1.1 原料奶产量

奶牛养殖业最核心的产品是原料奶产量，本研究认为，水资源利用的最直接产出产品也是原料奶的产量。即研究水资源的利用效率与原料奶产量之间的关系。

4.3.1.2 副产品产量

陈念红、曹暕（2010）认为，奶牛养殖的产出水平不仅应该包括主产品（原料奶）产量，也应该包括副产品产值，如销售牛收入、销售牛粪收入等。本研究赞同其说法，设置了两个产出指标：主产品产量和副产品产值。

主产品产量为头均奶牛 1 年的原料奶产量，副产品产值为头均奶牛除原料奶以外创造的价值。

在产出指标的处理上，因为数据来源的统计口径不一致，所以指标的计算方法不同。在计算 2015 年北京奶牛养殖业水资源利用绩效时，采用的产出指标为原料奶产量。计算全国及典型省份奶牛养殖业水资源利用绩效时，采用的产出指标为主产品产量和副产品产值。

4.3.2 投入指标

研究水资源利用绩效的投入指标，主要从常规投入指标和特征指标两方面入手设计。常规指标，即维持奶牛养殖场正常运营的常规指标，主要包括饲料投入和劳动力投入。特征指标指能反映水资源利用特征的指标，主要包括用水量、用水设备及水费投入、电费投入；为了突出不同规模之间水资源利用绩效的差异，设置了存栏头数投入指标。

4.3.2.1　常规指标

（1）饲料投入。饲料在奶牛养殖总成本中所占比例超过一半，是奶牛养殖最重要的投入。目前，市场上喂养饲料主要由粗饲料和精饲料构成，粗饲料主要包括干草、秸秆、青绿饲料、青贮饲料；精饲料主要包括谷实类、糠麸类、饼粕类。此外，还有饲料添加剂，如维生素添加剂、微量元素（铁、锌、铜、锰、碘、钴、硒等）、氨基酸添加剂、瘤胃缓冲调控剂、活性菌（益生素）制剂、饲料防霉剂或抗氧化剂。考虑到饲料添加剂支出所占比例较小，本研究设置的饲料投入主要计算粗饲料投入和精饲料投入。

（2）劳动力投入。劳动力投入指养殖场支付的人工费。如果是家庭经营，就按当地最低工资进行折价。奶牛养殖业是一个需要较大人力投入的行业，随着规模化和自动化的发展，劳动力投入会下降，但目前仍是奶牛养殖的主要投入之一。奶牛养殖场一般设有繁育养殖人员、兽医、饲养员、挤奶员等工作岗位。

（3）运营投入。奶牛养殖在保证正常运行过程中，还会产生一些其他投入，如固定资产折旧、保险费、管理费、配种改良费、兽药及消毒费等，统一归入到运营投入中。本研究设置的运营投入指标，主要包括头均奶牛1年花费的固定资产折旧和管理费的合计数表达。

4.3.2.2　特征指标

（1）存栏头数。奶牛是养殖场最重要的投入，存栏头数的不同也直接影响到奶牛产奶量和用水量，因此本研究将奶牛存栏头数作为投入指标。

（2）用水量。研究奶牛养殖业的水资源利用绩效，最关键的就是用水量数据的收集。本研究拟用每日用水量数据计算出每月的用水量。由于调查过程中，大部分奶牛养殖场并没有记录用水情况的意识和记录工具，上报的用水量数据大多数凭经验和直觉得到。因此，本研究对该指标的数据采用了检验方法，排除了异常数据。检验方法如下：

一是对每日供水指标进行检验。调查中设计了每日供水量指标。通过压力储水罐工作1次供水量、压力储水罐个数，二者乘积得到奶牛养殖场的供水能力。比较计算所得的供水量和养殖场直接填报供水量的差距，如果差异在60%以上的排除。

二是对每日用水量指标进行检验。将每日用水量与每日供水量进行比较，二者差额在1.5倍以上的排除。

（3）用水设备及水费投入。通过第三章对北京奶牛养殖业水资源利用现状的调研发现，大部分养殖场使用自备井供水，用水设备主要为压力储水罐、水泵和牛群淋浴设备等，部分养殖场使用的是自来水，不存在用水设备。所以，设计用水设备及水费投入指标，主要是为了突出水资源使用存在的成本。

（4）电费投入。通过水资源利用现状调研发现，大部分水资源利用都离不开电。压力储水罐和水泵工作通过消耗电，实现自动补充水。每月电费支出不仅能从侧面说明水资源使用量，而且也成为养殖场节约用水的重要影响因素。通常奶牛养殖场为了节约用电，不会故意浪费水资源，频繁抽取地下水（表4.1）。

因为数据统计的方法不一致，在计算全国及典型省份的水资源利用绩效时，不使用用水设备及水费投入、电费投入指标，而用水电费投入指标替代。主要由头均奶牛1年花费的水费和电费成本构成。

4.3.3 指标的计算及处理说明

一方面，考虑到奶业典型省份及全国的数据主要来自《全国农产品成本收益汇编》，其指标数据最大的亮点是具有时间上的连续性，且与地方数据间具有可比性，但存在对水资源的细化指标匮乏的弊端。另一方面，本研究对北京奶牛养殖业水资源利用情况的调研数据较为细致，尤其是对水利用的特征指标较全，但该数据只是月度数据，时间上的连贯性不足，且与其他地区缺乏可比性。所以，本研究在评价水资源利用绩效时，在不改变投入、产出指标选取的基本原则基础上，对不同时期、不同地区的数据进行了投入、产出指标的不同组合（表 4.1、表 4.2）。

表 4.1　2015 年北京奶牛养殖业水资源利用绩效评价指标及其计算公式

指标名称	单位	指标计算公式	指标属性
原料奶产量	吨	每月原料奶产量	产出指标
饲料投入	元	精饲料投入＋粗饲料投入	投入指标
劳动力投入	元	每月人员工资总计	投入指标
用水量	吨	每日用水量×30	投入指标
用水设备及水费投入	元	水泵投入＋压力储水罐投入＋淋浴设备投入＋每月水费支出	投入指标
电费投入	元	每月电费支出	投入指标

表 4.2　典型省份与全国奶牛养殖业投入产出指标及其计算公式

一级指标	符号	二级指标	指标计算公式
产出指标	$1Y_1$	主产品产量（千克）	原料奶产量
	$1Y_2$	副产品产值（元）	销售淘汰母牛收入＋销售犊牛收入＋销售牛粪收入
投入指标	$1X_1$	饲料投入（元）	精饲料成本＋粗饲料成本
	$1X_2$	劳动力投入（元）	人员工资总和
	$1X_3$	水电费投入（元）	水费支出＋电费支出
	$1X_4$	运营投入（元）	固定资产折旧＋管理费

4.4　指标评价模型构建方法及结果说明

4.4.1　BCC 评价模型构建

C^2R 模型和 BCC 模型是数据包络分析最典型的模型，前者研究的是规模不变条件下的投入产出技术效率，模型结果表现为水资源利用综合技术效率；后者研究的是规模可变条件下投入产出技术效率，模型结果表现为水资源利用综合技术效率、纯技术效率和规模效率。模型实践发现，采用 BCC 模型分析结果完全包含了 C^2R 模型的分析结果，且两种模型求出的水资源利用综合技术效率完全一致。因此，本研究采用了 BCC 评价模型分析水资源利用绩效。通过数据包络分析法软件 DEAP 2.1，采用规模可变 VRS 条件下 multi-stage 算法，对数据分别进行投入导向和产出导向模型结果分析。其中，投入导向模型指在产出既定的条件下，各项投入可以等比例减少的程度来对无效率状况进行测量；产出导向模型指在投入既定的条件下，各项产出可以等比例增长的程度来对无效率状况进行测量。

4.4.2 BCC 评价模型结果说明

BCC 评价模型运行后，将得到水资源利用绩效的综合技术效率、纯技术效率、规模效率和规模报酬特征。

4.4.2.1 综合技术效率、纯技术效率、规模效率

综合技术效率，是实际产量与最大可能产量的比值，取值范围 0～1（包括 0 和 1）。它是对决策单元的资源配置能力、资源使用效率等多方面能力的综合衡量与评价。一般认为，综合技术效率等于纯技术效率和规模效率的乘积。综合技术效率达到 1，表示该决策单元在所有决策单元中综合技术效率达到最优水平，其他决策单元以其为最优单元，进行相对技术效率分析。

纯技术效率是企业受管理和技术等因素影响的生产效率，取值范围 0～1（包括 0 和 1）。与综合技术效率相比，纯技术效率计算时没有考虑要素利用率问题所带来的效率损失，它反映的是决策单元 DMU 在一定（最优规模时）投入要素的生产效率。纯技术效率为 1，表示在目前的技术水平上，其投入资源的使用是有效率的，

未能达到有效的根本原因在于其规模无效，其改革的重点在于如何更好地发挥其规模效益。

规模效率是受企业规模因素影响的生产效率，反映的是实际规模与最优生产规模的差距，取值范围 0～1（包括 0 和 1）。当规模效率为 1 时，表示该决策单元的规模效率在所有决策单元中达到最优水平，其他决策单元以其为参照单元，进行相对规模效率分析。

通常，通过 BCC 评价模型，会得到若干个最优决策单元，它们的综合技术效率、纯技术效率和规模效率均为 1，以它们为参照单元，求出其他决策单元的相对综合技术效率、纯技术效率和规模效率。当综合技术效率小于 1，比较纯技术效率和规模效率，是否有一项指标实现了最优化，即结果为 1，若有，则说明影响综合技术效率实现最优化的是结果不为 1 的技术效率。例如，综合技术效率为 0.78，纯技术效率为 1，规模效率为 0.78，则影响该决策单元最优化的原因在于规模效率未实现最优。若纯技术效率和规模效率都小于 1，则比较二者值的大小，值越小，影响程度越大。例如，综合技术效率为 0.498 4，纯技术效率为 0.56，规模效率为 0.89，说明综合技术效率未实现最优化，其中纯技术效率影响更大。

4.4.2.2 规模报酬特征

BCC 评价模型可以对规模报酬的特征进行分析，说明被评价单元处于规模报酬递减、或是规模报酬递增、或是规模报酬不变阶段。有利于经营主体判断是否需要改变规模。

规模报酬是指在其他条件不变的情况下，企业内部各种生产要素按相同比例变化时所带来的产量变化。规模报酬分析的是企业的生产规模变化与所引起的产量变化之间的关系。产量增加的比例大于生产要素增加的比例，叫做规模收益递增（Increasing returns to scale，Irs）。产量增加的比例小于生产要素增加的比例，叫做规模收益递减（Diminishing returns to scale，Drs）。产量增加的比例等于生产要素增加的比例，叫做规模收益不变（表中用“一”表示）。

规模递增主要源于4个方面，其一是劳动分工使生产的专业化程度提高，从而提高劳动生产率。其二是资源的集约化使用。同时，集中使用数量较多且性能相似的机器设备，可以使厂商提高机器的使用效率，如因故障停工的概率降低，相同工种的劳动力集中在一起使统一的培训的成本降低等。其三是生产要素的不可分性。不可分性意味着某些生产要素只有在一定的限度和范围内才能发挥最大的生产能力，生产规模较大的生产者比小规模的生产者能更有效地利用这些生产要素。其四是大规模厂商的较强的讨价还价能力。生产规模大的厂商往往在原材料采购、分销渠道和产品运输等方面有着较强的讨价还价能力，可以以较低的价格购买原材料，建立分销渠道能力较强，单位分销成本也较低。

造成规模报酬递减的主要原因有两个，其一是生产要素可得性的限制。随着厂商生产规模的逐渐扩大，由于地理位置、原材料供应和劳动力市场等多种因素的限制，可能会使厂商在生产中需要的要素投入不能得到满足。其二是生产规模较大的厂商在管理上效率会下降，如内部的监督控制机制、信息传递等，容易错过有利的决策时机，使生产效率下降。上海、江苏是我国发展程度较高、经济繁荣的地区，相对而言，该地区的奶牛养殖业发展处于成熟期，综合技术效率处于规模递减状态，说明随着奶牛养殖规模的逐渐扩大，由于地理位置、原材料供应和劳动力市场等因素限制，如价格上涨，可能使养殖场在生产中需要的要素投入不能有效满足，导致边际收益递减。

4.4.2.3 决策单元BCC模型最优模型构建

通过BCC评价模型，找到了若干个最优决策单元。以它们为参照对象，对未达到最优的决策单元进行改进，即求出该决策单元要实现最优化中各投入要素的权重。得到各决策单元投入要素对应的权重后，就可以构建最优产出方程了。每个权重表示的是该投入要素相对最优投入要素，需要缩减或扩大的幅度。

4.4.2.4 非有效单元投影分析

通过BCC评价模型，可以对非有效单元进行投影分析，即投入冗长分析和产出不足分析，前者分析该指标可以节省的程度，后者分析该指标可以增加的程度。通过最优模型构建，找到需要改进的投入变量，分析其在DEA相对有效面的投影值，用原始值减去投影值。结果若为正值，表示该指标投入需要节省的部分；结果若为负值，表示该指标投入需要增加的部分。

4.4.3 全要素生产率指数评价模型构建

Malmquis指数生产率和生产率变化是生产力理论的核心内容。Malmquist指数是由Färe等人于1994提出的，它是用Shephard (1970) 提出的距离函数来定义的。它通过效率指数TFP来研究决策单元DMU从t时刻到$t+1$时刻的效率变化。数据包络分析软件DEAP中Malmquist算法，即为全要素生产率算法。

4.4.4 全要素生产率指数评价模型结果说明

Malmquist指数（即TFP）可以分解为技术变化指数（techch）和效率改善指数（effch），即TFP（tfpch）$=$techch$\times$effch，它们是通过4个DEA模型所得，分别是effch、techch、pech、sech，其中effch$=$pech$\times$sech。其中，效率改善指数（effch），又称综合效率改善指数，它在一定程度上描述了t到$t+1$时刻之间的组织管理水平变化。技术变化指数（techch），又称技术进步指数，描述了前沿科技的变化。若这两部分的变化均小于1，被认为是生产力退化。从以上的分解过程不难发现，TFP变化可以分解为技术进步和评估单元自身的效率改善两部分。用Malmquist指数分解方法可以分析生产力发展的决定因素，研究生产力的发展是依靠技术进步还是自身的管理水平改善。而且Malmquist指数基于DEA，但弥补了 DEA 对于决策单元的评价更多限于静态的不足，Malmquist 指数更侧重于对决策单元的动态分析。

effch（效率的变化值）等于 pech（纯技术效率变化值）与 sech（规模效率变化值）的乘积，反映了综合效率值的变化情况；TFP（效率变化指数）等于 effch 与 techch（技术进步）的乘积。TFP 是该模型中最重要的指标，结果以 1 为分割线，值大于 1，表示技术效率为正向、优良的；效率值小于 1，表示效率是降低的。

5　奶牛养殖业水资源利用绩效实证分析

5.1　全国及典型省份奶牛养殖业水资源利用效率分析

通过对比分析 2011—2013 年北京与典型省份及全国平均水平的奶牛养殖业水资源利用综合技术效率和全要素生产指数 TFP，了解北京奶牛养殖业的水资源利用技术效率在全国所处地位，从宏观上把握北京水资源利用绩效的技术效率、规模效率。

根据国家奶牛产业技术体系首席李胜利教授对“中国奶牛养殖区域适合度分析”（见附录 2）与 2011—2013 年《全国农产品成本收益汇编》中城市的连续性（部分城市存在某年数据缺失的情况）选出了 12 个数据单元。分别是北京（排名 24）、山西（排名 8）、辽宁（排名 9）、黑龙江（4）、上海（25）、江苏（26）、安徽（14）、福建（29）、河南（3）、四川（15）、甘肃（11）11 个省、直辖市和全国平均水平。选取产出量 2 个，分别是主产品产量 Y_1 和副产品产值 Y_2；投入量 4 个，分别是饲料投入 X_1、劳动力投入 X_2、水电费投入 X_3 和运营投入 X_4（具体见附录 4）。

5.1.1　中规模奶牛养殖场水资源利用效率分析

5.1.1.1　投入为主导，multi-stage 算法，模型结果分析

通过数据包络分析法软件 DEAP 2.1，采用规模可变 VRS 条件下，multi-stage 算法，对 2011—2013 年全国部分省份中规模奶牛养殖业进行投入导向模型结果分析（表 5.1）。

从水资源利用综合技术效率水平看，2011—2013 年北京、山西、辽宁、黑龙江等省份水资源利用综合技术效率值为 1，在省份排名中居于前列。

表 5.1 2011—2013 年全国部分省份中规模奶牛养殖场投入导向 DEA 模型技术效率分析（评价模型 BBC）

决策单元DMU	2011 年				2012 年				2013 年			
	水资源利用综合技术效率TE	纯技术效率PTE	规模效率SE	规模报酬特征	水资源利用综合技术效率TE	纯技术效率PTE	规模效率SE	规模报酬特征	水资源利用综合技术效率TE	纯技术效率PTE	规模效率SE	规模报酬特征
全国	0.850	0.851	0.998	Irs	0.908	0.923	0.983	Drs	0.810	0.863	0.939	Drs
北京	1.000	1.000	1.000	—	1.000	1.000	1.000	—	1.000	1.000	1.000	—
山西	1.000	1.000	1.000	—	1.000	1.000	1.000	—	1.000	1.000	1.000	—
辽宁	1.000	1.000	1.000	—	1.000	1.000	1.000	—	1.000	1.000	1.000	—
黑龙江	1.000	1.000	1.000	—	1.000	1.000	1.000	—	1.000	1.000	1.000	—
上海	0.633	1.000	0.633	Drs	0.722	1.000	0.722	Drs	0.685	1.000	0.685	Drs
江苏	0.817	0.872	0.936	Irs	1.000	1.000	1.000	—	0.915	0.949	0.964	Irs
安徽	0.914	0.914	1.000	—	0.917	1.000	0.917	Drs	0.854	1.000	0.854	Drs
福建	0.887	0.990	0.896	Irs	1.000	1.000	1.000	—	1.000	1.000	1.000	—
河南	0.950	1.000	0.950	Irs	1.000	1.000	1.000	—	0.980	0.981	0.999	Drs
四川	0.877	1.000	0.877	Drs	0.911	1.000	0.911	Drs	0.871	1.000	0.871	Drs
甘肃	1.000	1.000	1.000	—	1.000	1.000	1.000	—	0.945	1.000	0.945	Drs

5.1.1.2 投入为主，Malmquist 算法，模型结果分析

通过数据包络分析法软件 DEAP 2.1，采用规模可变 VRS 条件下，Malmquist 算法，对 2011—2013 年全国部分省份中规模奶

牛养殖业进行投入导向模型结果分析（表 5.2）。

表 5.2 2011—2013 年全国部分省份中规模奶牛养殖场效率变化情况

决策单元 DMU	效率变化 effch	技术进步 techch	纯技术效率变化 pech	规模效率变化 sech	效率变化指数 tfpch
全国平均	0.976	0.991	1.007	0.970	0.967
北京	1.000	1.104	1.000	1.000	1.104
山西	1.000	1.038	1.000	1.000	1.038
辽宁	1.000	0.895	1.000	1.000	0.895
黑龙江	1.000	0.994	1.000	1.000	0.994
上海	1.040	0.962	1.000	1.040	1.001
江苏	1.058	0.997	1.043	1.015	1.056
安徽	0.967	1.010	1.046	0.924	0.977
福建	1.062	1.008	1.005	1.057	1.071
河南	1.016	0.987	0.990	1.025	1.002
四川	0.996	1.025	1.000	0.996	1.02
甘肃	0.972	1.035	1.000	0.972	1.006
2012 年平均	1.052	0.919	1.027	1.025	0.967
2013 年平均	0.963	1.094	0.988	0.975	1.054
3 年间平均	1.007	1.003	1.007	0.999	1.010

以 2011 年基础年，分析 2012 年和 2013 年中规模养殖场的效率变化、纯技术效率变化、规模变化和效率值指数。2013 年中规模奶牛养殖场技术效率为 1.053，技术进步较快。再具体分析 2011—2013 年间，11 个省份与全国的平均效率变化，发现北京奶牛养殖业水资源利用技术进步值为 1.104，表示每年保持 10.4%的技术进步增长率，在全国居于领先地位。此外，技术进步保持 1%以上年增长率的省有山西、安徽、四川和甘肃。

5.1.2 大规模奶牛养殖场水资源利用效率分析

5.1.2.1 投入为主导，模型结果分析

通过数据包络分析法软件 DEAP 2.1，采用规模可变 VRS 条件下，multi - stage 算法，对 2011—2013 年全国部分省份大规模奶牛养殖业进行投入导向模型结果分析（表 5.3）。

表 5.3 2011—2013 年全国部分省份大规模奶牛养殖场投入导向 DEA 模型技术效率分析

决策单元 DMU	2011 年				2012 年				2013 年			
	水资源利用综合技术效率 TE	纯技术效率 PTE	规模效率 SE	规模报酬特征	水资源利用综合技术效率 TE	纯技术效率 PTE	规模效率 SE	规模报酬特征	水资源利用综合技术效率 TE	纯技术效率 PTE	规模效率 SE	规模报酬特征
全国	0.892	0.895	0.997	Drs	0.825	0.835	0.998	Drs	0.860	0.873	0.984	Drs
北京	1.000	1.000	1.000	—	1.000	1.000	1.000	—	1.000	1.000	1.000	—
山西	1.000	1.000	1.000	—	0.969	0.972	0.996	Irs	1.000	1.000	1.000	—
辽宁	1.000	1.000	1.000	—	0.924	0.928	0.996	Irs	1.000	1.000	1.000	—
黑龙江	0.923	0.927	0.996	Irs	1.000	1.000	1.000	—	1.000	1.000	1.000	—
上海	0.680	1.000	0.680	Drs	0.647	1.000	0.647	Drs	0.730	1.000	0.730	Drs
江苏	0.772	0.999	0.773	Drs	0.706	0.788	0.897	Drs	0.651	0.720	0.904	Drs
安徽	1.000	1.000	1.000	—	1.000	1.000	1.000	—	0.912	0.913	0.999	Drs
福建	0.943	1.000	0.943	Irs	0.913	0.947	0.964	Irs	0.862	0.875	0.986	Irs
河南	0.986	1.000	0.986	Irs	0.981	0.993	0.988	Irs	1.000	1.000	1.000	—
四川	0.918	0.919	0.998	Drs	0.887	0.897	0.989	Irs	1.000	1.000	1.000	—
甘肃	1.000	1.000	1.000	—	1.000	1.000	1.000	—	1.000	1.000	1.000	—

从水资源利用综合技术效率水平看，2011 年北京、山西、辽宁、安徽、甘肃等省份水资源利用综合技术效率值为 1；2012 年北京、黑龙江、安徽、甘肃等省份水资源利用综合技术效率值为 1；2013 年北京、山西、辽宁、黑龙江、河南、四川、甘肃等省份水资源利用综合技术效率为 1。这说明这些省份的投入产出是有效的，即技术和规模同时有效。

从奶牛养殖业水资源纯技术效率水平看，2011 年上海、江苏的水资源综合技术效率偏低，分别为 0.680 和 0.706，其水资源利用纯技术效率分别为 1 和 0.999。这说明决策单元上海、江苏本身的水资源利用纯技术效率而言，没有投入需要减少、没有产出需要增加，决策单元上海、江苏的水资源利用综合技术效率没有达到有效（即 1），是因为其规模与投入、产出不相匹配，需要调整规模。故水资源利用综合技术效率值低的主要原因是规模效益未发挥好。

2011 年，黑龙江、福建、河南属于规模报酬递增；全国平均、上海、江苏、四川属于规模报酬递减。2012 年，山西、辽宁、福建、河南、四川属于规模报酬递增；全国平均、上海、江苏属于规模报酬递减。

黑龙江、福建、河南、山西、四川是我国发展程度不高、加速发展的地区，该地区处于成长期。该地区的奶牛养殖业水资源利用综合技术效率处于规模递增状态，说明其发展潜力较大，发展势头较好。

全国大规模奶牛养殖场技术效率平均水平属于规模递减状态，2011—2012 年水资源利用综合技术效率分别为 0.892 和 0.825，呈下降趋势；水资源利用纯技术效率分别为 0.895 和 0.835。

5.1.2.2　投入为主，Malmquist 算法，模型结果分析

通过数据包络分析法软件 DEAP 2.1，采用规模可变 VRS 条件下，Malmquist 算法，对 2011—2013 年全国部分省份大规模奶牛养殖业进行投入导向模型结果分析（表 5.4）。

表 5.4　2011—2013 年全国部分省份大规模奶牛养殖场效率变化情况

决策单元 DMU	效率变化 effch	技术进步 techch	纯技术效率变化 pech	规模效率变化 sech	效率变化指数 tfpch
全国平均	0.975	1.000	0.977	0.998	0.974
北京	1.000	1.036	1.000	1.000	1.036
山西	1.000	1.002	1.000	1.000	1.002
辽宁	1.000	0.998	1.000	1.000	0.998
黑龙江	1.040	1.045	1.039	1.002	1.088
上海	1.036	0.958	1.000	1.036	0.992
江苏	0.918	0.970	0.849	1.082	0.890
安徽	0.955	0.964	0.955	1.000	0.920
福建	0.943	0.989	0.935	1.008	0.932
河南	1.000	1.025	1.000	1.000	1.025
四川	1.000	1.082	1.000	1.000	1.082
甘肃	1.000	0.957	1.000	1.000	0.957
2012 年平均	0.994	0.954	0.978	1.016	0.949
2013 年平均	0.983	1.014	0.978	1.004	0.996
3 年间平均	0.988	0.984	0.978	1.010	0.972

2012 年、2013 年大规模奶牛养殖场效率变化指数为 0.949 和 0.996，均小于 1，说明大规模奶牛养殖场技术效率是下降的。其中，规模效率变化值分别为 1.016 和 1.004，说明大规模养殖场仍保持一定的规模增长速度。纯技术效率变化值均为 0.978；技术进步值分别为 0.954 和 1.014，说明技术方面，2012 年是缺乏技术进步的，2013 年技术进步以 1.4%的年增长率提高。再具体分析 2011—2013 年间，11 个省份与全国的平均效率变化，发现北京大规模养殖场技术进步为 1.036，表示每年保持 3.6%的技术进步增长率。此外，技术进步保持 1%以上年增长率的省市有黑龙江、河

南、四川。

5.1.2.3 产出为主导，模型结果分析

通过数据包络分析法软件 DEAP 2.1，采用规模可变 VRS 条件下，multi-stage 算法，对 2011—2013 年全国部分省份大规模奶牛养殖业进行产出导向模型结果分析（表 5.5）。

表 5.5 2011—2013 年全国部分省份大规模奶牛养殖场产出导向 DEA 模型技术效率分析

决策单元 DMU	2011 年				2012 年				2013 年			
	水资源利用综合技术效率 TE	纯技术效率 PTE	规模效率 SE	规模报酬特征	水资源利用综合技术效率 TE	纯技术效率 PTE	规模效率 SE	规模报酬特征	水资源利用综合技术效率 TE	纯技术效率 PTE	规模效率 SE	规模报酬特征
全国	0.892	0.941	0.949	Drs	0.825	0.909	0.907	Drs	0.860	0.924	0.930	Drs
北京	1.000	1.000	1.000	—	1.000	1.000	1.000	—	1.000	1.000	1.000	—
山西	1.000	1.000	1.000	—	0.969	0.982	0.987	Drs	1.000	1.000	1.000	—
辽宁	1.000	1.000	1.000	—	0.924	0.957	0.966	Drs	1.000	1.000	1.000	—
黑龙江	0.923	0.950	0.972	Drs	1.000	1.000	1.000	—	1.000	1.000	1.000	—
上海	0.680	1.000	0.680	Drs	0.647	1.000	0.647	Drs	0.730	1.000	0.730	Drs
江苏	0.772	0.999	0.773	Drs	0.706	0.922	0.766	Drs	0.651	0.907	0.717	Drs
安徽	1.000	1.000	1.000	—	1.000	1.000	1.000	—	0.912	0.921	0.990	Drs
福建	0.943	1.000	0.943	Drs	0.913	0.930	0.982	Irs	0.862	0.910	0.948	Drs
河南	0.986	1.000	0.986	Irs	0.981	0.988	0.993	Irs	1.000	1.000	1.000	—
四川	0.918	0.960	0.956	Drs	0.887	0.953	0.930	Irs	1.000	1.000	1.000	—
甘肃	1.000	1.000	1.000	—	1.000	1.000	1.000	—	1.000	1.000	1.000	—

从产出主导 DEA 模型来看，2011—2013 年大规模奶牛养殖场

北京、上海、江苏、安徽、福建和甘肃的水资源利用综合技术效率、纯技术效率、规模效率、规模报酬特征与投入主导 DEA 模型结果一致，全国平均、山西、辽宁、黑龙江、河南和四川水资源利用综合技术效率与投入主导 DEA 模型结果一致，但在其他三项上均略有不同。其中，产出主导 DEA 模型的纯技术效率普遍略高、规模效率普遍略低于投入主导 DEA 模型的计算结果，但差距在 0.1 个百分点以下波动。这说明，大规模奶牛养殖场投入主导和产出主导的 DEA 模型分析结果差异不大。值得注意的是，黑龙江大规模奶牛养殖场在产出主导 DEA 模型下分析，为规模报酬递减；在投入主导 DEA 模型下为规模报酬递增。这说明在投入既定条件下，黑龙江应该提高管理效率，从而提高纯技术效率；而在产出既定条件下，黑龙江应该加强资源的集约化使用，从而提高规模效率。

综上所述，通过对 2011—2013 年全国平均以及北京、山西、辽宁、黑龙江、上海、江苏、安徽、福建、河南、四川、甘肃省、直辖市大规模、中规模奶牛养殖场的数据，运用数据包络方法进行投入为主、产出为主的技术效率分析，结果发现，2011—2013 年北京、山西、辽宁、福建、甘肃的中规模奶牛养殖场水资源利用综合技术效率值均为 1，说明实现了技术有效和规模有效；上海、四川纯技术效率较高，但规模效率不高。2012—2013 年效率变化指数由 0.967 到 1.054，说明效率总体是趋于良性。

与中规模奶牛养殖场技术效率相比，大规模的技术效率总体上大于中规模技术效率，但个别省份上保持规模有效的省份数目少于中规模，只有北京、甘肃连续 3 年综合效率为 1。山西、辽宁、河南、四川 2012 年处于规模报酬递增，2013 年均达到综合效率为 1，说明这些省份在 2012—2013 年奶牛养殖业发展较为迅速。2012—2013 年效率变化指数由 0.949 上升到 0.996，小于 1，说明效率并没有充分发挥。究其原因，技术进步指数是 0.954 到 1.014，效率变化率是0.994到0.988，说明2012—2013年大规模奶牛养殖场技术是提高的，但是管理方面还不够到位，今后需要加强对大规模养殖场的管理能力。

5.2 北京与全国奶牛养殖水资源利用效率10年变化规律分析

在详细分析了2011—2013年11省份的中规模、大规模奶牛养殖场技术效率情况，再对2004—2013年10年间的北京和全国平均的技术效率进行分析。采用数据包络分析法软件DEAP 2.1，规模可变VRS条件下，multi-stage算法、malmquist算法进行投入导向模型结果分析。

5.2.1 全国平均规模奶牛养殖场水资源利用效率分析

从全国平均中规模奶牛养殖场技术效率上看，2004—2013年，10年间水资源利用综合技术效率为0.979，纯技术效率为0.999，规模效率为0.980。其中，2004—2006年、2009—2011年的水资源利用综合技术效率为1，纯技术效率和规模效率有效，2007年、2012年、2013年水资源利用综合技术效率分别为0.952、0.983、0.863，其纯技术效率值为1或接近1，可见，水资源利用综合技术效率无效的主要原因是规模化管理水平没有跟上，导致规模效率值无效。

从全国平均大规模奶牛养殖场技术效率上看，2004—2013年，10年间水资源利用综合技术效率为0.980，纯技术效率为0.991，规模效率为0.988。其中，2004—2007年、2009年、2013年的水资源利用综合技术效率为1，纯技术效率和规模效率有效，2010年和2011年的规模报酬特征为规模报酬递增。与中规模奶牛养殖场技术效率相比，大规模奶牛养殖场技术效率的纯技术效率略低，规模效率略高，说明全国平均水平奶牛养殖场的中规模、大规模养殖场技术效率相差不大。但在管理上，大规模奶牛养殖场更规范、发挥的规模效益更好（表 5.6）。

表 5.6　2004—2013 年全国平均规模奶牛养殖场技术效率分析

年份	中规模				大规模			
	水资源利用综合技术效率 TE	纯技术效率 PTE	规模效率 SE	规模报酬特征	水资源利用综合技术效率 TE	纯技术效率 PTE	规模效率 SE	规模报酬特征
2004	1.000	1.000	1.000	—	1.000	1.000	1.000	—
2005	1.000	1.000	1.000	—	1.000	1.000	1.000	—
2006	1.000	1.000	1.000	—	1.000	1.000	1.000	—
2007	0.952	0.990	1.000	Drs	1.000	1.000	1.000	—
2008	0.989	0.990	1.000	—	0.870	0.944	0.922	Drs
2009	1.000	1.000	1.000	—	1.000	1.000	1.000	—
2010	1.000	1.000	1.000	—	0.997	0.998	0.999	Irs
2011	1.000	1.000	1.000	—	0.968	0.973	0.995	Irs
2012	0.983	1.000	0.983	Drs	0.966	1.000	0.966	Drs
2013	0.863	1.000	0.863	Drs	1.000	1.000	1.000	—
10 年平均	0.979	0.999	0.980		0.980	0.991	0.988	

从效率变化的 Malmquist 指数上看，因为决策单元只有 1 个，所以自身的改善指数均为 1。因此，2005—2013 年全国平均规模奶牛养殖场 Malmquist 生产率指数（即 TFP 指数）与技术进步指数变化趋势一致，这说明全要素生产率的变动由技术进步带来。这 10 年间，TFP 指数变化不明显，为 0.8～1.1。相比中规模 TFP 指数的变化幅度，大规模 TFP 指数的变化幅度更具有波动性，且在 2010 年后，TFP 指数高于中规模 TFP 指数，说明大规模奶牛养殖技术进步更明显（表 5.7 和图 5.1）。

表 5.7 2005—2013 年全国平均规模奶牛养殖场效率变化的 Malmquist 指数

年份	中规模			大规模		
	综合效率改善指数 effch	技术进步指数 techch	TFP 指数	综合效率变化指数 effch	技术进步指数 techch	TFP 指数
2005	1.000	0.924	0.924	1.000	0.932	0.932
2006	1.000	0.952	0.952	1.000	1.026	1.026
2007	1.000	0.895	0.895	1.000	0.855	0.855
2008	1.000	1.078	1.078	1.000	1.070	1.070
2009	1.000	1.052	1.052	1.000	1.079	1.079
2010	1.000	0.925	0.925	1.000	0.934	0.934
2011	1.000	0.913	0.913	1.000	0.961	0.961
2012	1.000	0.937	0.937	1.000	0.946	0.946
2013	1.000	0.926	0.926	1.000	1.022	1.022
10 年平均	1.000	0.954	0.954	1.000	0.978	0.978

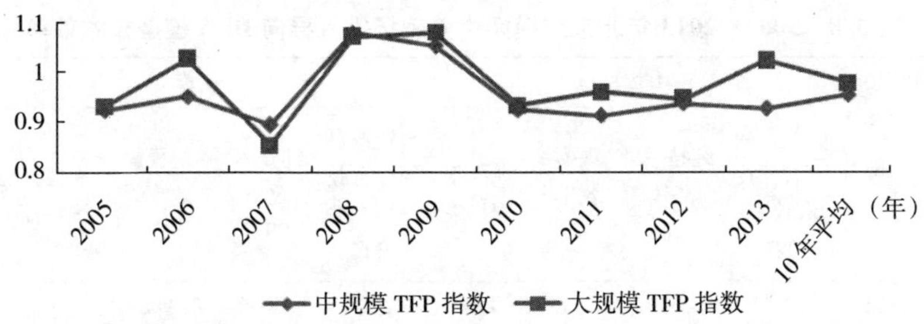

图 5.1 2005—2013 年全国规模奶牛养殖场 TFP 指数变化

5.2.2 北京规模奶牛养殖场水资源利用效率分析

从北京中规模奶牛养殖场技术效率上看，2004—2013 年，

10年间水资源利用综合技术效率为0.898，纯技术效率为0.960，规模效率为0.937。其中，2005—2007年、2010年的水资源利用综合技术效率为1，纯技术效率和规模效率有效，2004年、2008年、2013年水资源利用综合技术效率分别为0.919、0.816、0.790，其纯技术效率值都为1。可见，水资源利用综合技术效率无效的主要原因是规模化管理水平没有跟上，导致规模效率值无效。

从北京大规模奶牛养殖场技术效率上看，2004—2013年，10年间水资源利用综合技术效率为0.941，纯技术效率为0.970，规模效率为0.970。其中，2005—2006年数据缺失，2004年、2007年、2009年、2011年的水资源利用综合技术效率为1，纯技术效率和规模效率有效，2010年的规模报酬特征为规模报酬递增。与中规模奶牛养殖场技术效率相比，大规模奶牛养殖场技术效率的水资源利用综合技术效率、纯技术效率和规模效率都较高。其中，纯技术效率值相差较小。这说明北京奶牛养殖场的大规模养殖场技术效率明显高于中规模，尤其是在规模化养殖管理水平上优势更明显(表5.8)。

表5.8 2004—2013年北京规模奶牛养殖场投入导向DEA模型技术效率

年份	中规模				大规模			
	水资源利用综合技术效率TE	纯技术效率PTE	规模效率SE	规模报酬特征	水资源利用综合技术效率TE	纯技术效率PTE	规模效率SE	规模报酬特征
2004	0.919	1.000	0.919	Drs	1.000	1.000	1.000	—
2005	1.000	1.000	1.000	—	—	—	—	—
2006	1.000	1.000	1.000	—	—	—	—	—
2007	1.000	1.000	1.000	—	1.000	1.000	1.000	—
2008	0.816	1.000	0.816	Drs	0.832	1.000	0.832	Drs

（续）

年份	中规模				大规模			
	水资源利用综合技术效率 TE	纯技术效率 PTE	规模效率 SE	规模报酬特征	水资源利用综合技术效率 TE	纯技术效率 PTE	规模效率 SE	规模报酬特征
2009	0.836	0.838	0.999	Drs	1.000	1.000	1.000	—
2010	1.000	1.000	1.000	—	0.820	0.822	0.997	Irs
2011	0.827	0.932	0.887	Drs	1.000	1.000	1.000	—
2012	0.789	0.826	0.956	Drs	0.914	0.938	0.974	Drs
2013	0.790	1.000	0.790	Drs	0.958	1.000	0.958	Drs
10年间平均	0.898	0.960	0.937		0.941	0.970	0.970	

从效率变化的 Malmquist 指数上看，因为决策单元只有 1 个，所以自身的改善指数均为 1。因此，2004—2013 年全国平均规模奶牛养殖场 Malmquist 生产率指数（即 TFP 指数）与技术进步指数变化趋势一致。这说明全要素生产率的变动由技术进步带来。由表 5.9 和图 5.2 可以看出，这 10 年间，与全国平均水平相比，北京规模奶牛养殖场的 TFP 指数变化幅度较大，为 0.4～1.8，并且大规模 TFP 指数变化波动较大，2008 年达到最低值 0.571，2011 年达到最高值为 1.614。2008—2011 年大规模与中规模 TFP 指数表现出此消彼长的关系；2012 年起，中规模与大规模 TFP 指数趋向一致，差距缩小。这说明北京奶牛养殖业技术进步水平明显快于全国平均水平，对奶业发展的市场环境变化更为较为敏锐。而且北京大规模养殖场技术进步更快，其效率变化指数 TFP 高于中规模，前者为 0.973，后者为 0.964。

表 5.9　2004—2013 年北京规模奶牛养殖场技术效率变化

年份	中规模			大规模		
	综合效率改善指数 effch	技术进步指数 techch	TFP 指数	综合效率变化指数 effch	技术进步指数 techch	TFP 指数
2005	1.000	0.954	0.954	—	—	—
2006	1.000	1.201	1.201	—	—	—
2007	1.000	0.827	0.827	1.000	0.899	0.899
2008	1.000	0.738	0.738	1.000	0.571	0.571
2009	1.000	1.106	1.106	1.000	1.435	1.435
2010	1.000	1.227	1.227	1.000	0.895	0.895
2011	1.000	0.888	0.888	1.000	1.614	1.614
2012	1.000	0.835	0.835	1.000	0.821	0.821
2013	1.000	1.025	1.025	1.000	0.943	0.943
10 年平均	1.000	0.964	0.964	1.000	0.973	0.973

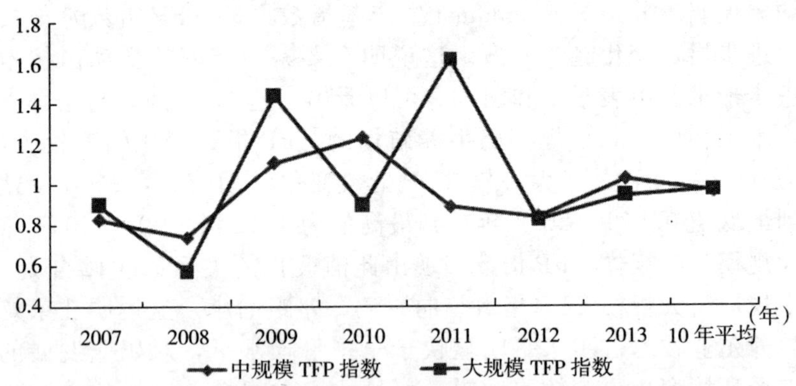

图 5.2　2007—2013 年北京规模奶牛养殖场 TFP 指数变化

综上所述，由 2004—2013 年北京与全国规模奶牛养殖业综合技术效率的比较结果发现，全国平均水平中规模与大规模水资源利用综合技术效率变化趋势基本一致，变化较平缓；北京中规模与大规模的水资源利用综合技术效率变化波动较大，变化趋势在2008—2011年大规模与中规模TE指数表现出此消彼长的关系，2012年起，中规模与大规模TE指数趋向一致，差距缩小（图5.3、图5.4）。

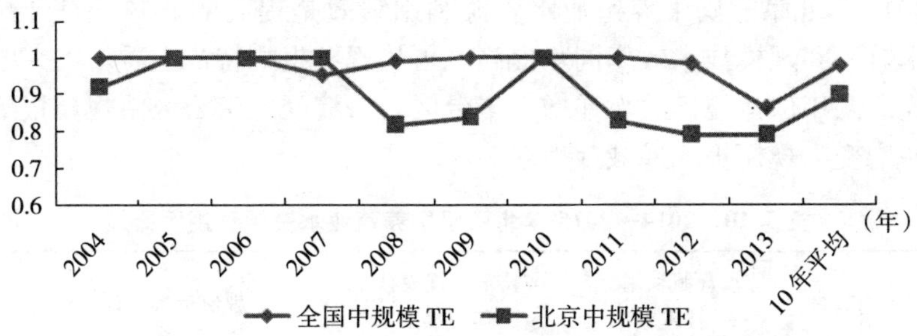

图 5.3　2004—2013 年全国平均中规模、北京中规模奶牛养殖场水资源利用综合技术效率变化

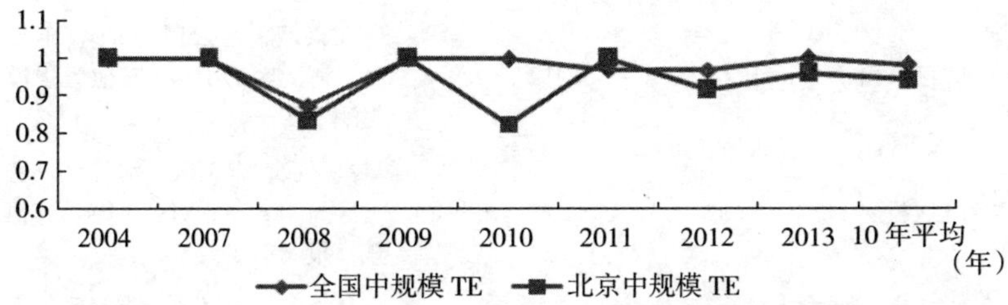

图 5.4　2004—2013 年全国平均大规模、北京大规模奶牛养殖场水资源利用综合技术效率变化

5.3　北京典型牛场水资源利用绩效评价

5.3.1　区差异明显，大兴区水资源利用绩效提高较快

在投入主导DEA模型下（即在不减少产出的条件下，要达到

技术有效，各项投入应该减少的程度），从区水平上看，2014 年和 2015 年北京水资源利用综合技术效率分别为 0.870 和 0.923，2015 年增长了 0.053；纯技术效率上 2014 年和 2015 年分别为 0.923 和 0.973，2015 年增长了 0.05；规模技术效率 2014 年和 2015 年分别为 0.934 和 0.947，2015 年增长了 0.013。这说明与 2014 年相比，2015 年北京的奶牛养殖业水资源利用绩效是提高的，并且是纯技术效率和规模技术效率同步提高。再从规模报酬特征上看，大兴区连续两年保持规模效率递增，丰台区、海淀区、密云区由规模报酬递增变为规模报酬递减（表 5.10）。

表 5.10　2014—2015 年北京奶牛养殖业水资源利用区比较

项　目	水资源利用综合技术效率	纯技术效率	规模技术效率	规模报酬特征
2014 区投入	0.870	0.923	0.934	大兴区、丰台区、海淀区、密云区为 Irs，其他为规模报酬不变
2014 区产出	0.870	0.912	0.948	大兴区、密云区为 Irs，丰台区、海淀区为 Drs，其他为规模报酬不变
2015 区投入	0.923	0.973	0.947	昌平区、丰台区、海淀区、密云区为 Drs，大兴区为 Irs，其他规模报酬不变
2015 区产出	0.923	0.960	0.961	昌平区、大兴区、丰台区、海淀区、密云区为 Drs，其他为规模报酬不变

在产出主导 DEA 模型下（即在不增加投入的条件下，要达到技术有效，各项产出应该增加的程度），从区水平上看，2014 年和 2015 年北京水资源利用综合技术效率与投入主导 DEA 模型一致，纯技术效率上分别为 0.912 和 0.960，2015 年增长了 0.048，规模技术效率分别为 0.948 和 0.961，2015 年增长了 0.013。这说明与

2014 年相比，2015 年北京的奶牛养殖业技术效率是提高的，并且是纯技术效率和规模技术效率同步提高，与投入主导 DEA 模型的结果趋势一致。但是，从规模报酬特征上看，二者区别较大，主要体现在对丰台区、海淀区的判断上：丰台区、海淀区连续两年为规模报酬递减（表 5.10）。

5.3.2 密云区、延庆区、房山区 TFP 指数较小，水资源利用绩效水平需要重点加强

从全要素生产函数角度看，投入主导模型与产出主导模型结果完全一致。总体上，2014—2015 年，北京奶牛养殖业水资源利用绩效是正向发展的状态，综合效率改善、技术进步和 TFP 指数均大于 1，分别为 1.081、1.057 和 1.142。从个别区上看，房山区、密云区、延庆区的 TFP 指数小于 1，主要原因是其技术进步指数较小，分别为 0.961、0.944 和 0.785；昌平区、大兴区虽然 TFP 指数大于 1，但是综合效率改善指数小于 1，需要不断提高管理水平；水资源利用综合技术效率改善指数最高的是海淀区、丰台区，分别为 1.618 和 1.537；技术进步指数最高的分别是通州区和顺义区，分别是 1.368 和 1.347；TFP 指数最高的是海淀区和通州区，分别是 1.574 和 1.368（表 5.11）。

表 5.11 2014—2015 年 43 个示范牛场 TFP 指数结果

名区	投入主导模型			产出主导模型		
	综合效率改善指数 effch	技术进步指数 techch	TFP 指数	综合效率变化指数 effch	技术进步指数 techch	TFP 指数
昌平区	0.938	1.176	1.103	0.938	1.176	1.103
大兴区	0.864	1.235	1.066	0.864	1.235	1.066
房山区	1.000	0.961	0.961	1.000	0.961	0.961
丰台区	1.537	0.887	1.362	1.537	0.887	1.362

（续）

各区	投入主导模型			产出主导模型		
	综合效率改善指数 effch	技术进步指数 techch	TFP 指数	综合效率变化指数 effch	技术进步指数 techch	TFP 指数
海淀区	1.618	0.973	1.574	1.618	0.973	1.574
密云区	1.003	0.944	0.947	1.003	0.944	0.947
顺义区	1.000	1.347	1.347	1.000	1.347	1.347
通州区	1.000	1.368	1.368	1.000	1.368	1.368
延庆区	1.000	0.785	0.785	1.000	0.785	0.785
平均	1.081	1.057	1.142	1.081	1.057	1.142

5.3.3 对水资源利用绩效非有效牛场的分析

5.3.3.1 水资源利用绩效非有效牛场占 72.09%，大部分存在投入冗长

具体分析 43 个奶牛养殖场技术效率，发现 DEA 有效的奶牛养殖场有：牛场 3 号、牛场 5 号、牛场 10 号、牛场 16 号、牛场 18 号、牛场 22 号、牛场 26 号、牛场 30 号、牛场 31 号、牛场 36 号、牛场 37 号和牛场 38 号，共 12 个示范奶牛场 DEA 有效，占总样本的 27.91%（表 5.12）。

表 5.12 43 个示范牛场的 DEA 模型技术效率评价结果

牛场名称	对应 BBC 模型最优解	评价结论
牛场 1 号	$q^* = 0.422$，$l_{31}{}^* = 0.213$，$l_{22}{}^* = 0.351$，$l_{38}{}^* = 0.003$，$l_{16}{}^* = 0.433$，$S_1{}^{-*} = 4\ 165.057$，$S_4{}^{-*} = 173.53$	非 DEA 有效，规模报酬不变
牛场 2 号	$q^* = 0.426$，$l_{22}{}^* = 0.675$，$l_{16}{}^* = 0.325$，$S_1{}^{-*} = 2202.680$，$S_2{}^{-*} = 65.745$，$S_3{}^{-*} = 41.474$，$S_4{}^{-*} = 187.119$	非 DEA 有效，规模报酬递减
牛场 3 号	$q^* = 1$，$l_3{}^* = 1$	DEA 有效，规模报酬不变

（续）

牛场名称	对应 BBC 模型最优解	评价结论
牛场 4 号	$q^*=0.648$，$l_{31}{}^*=0.471$，$l_{22}{}^*=0.351$，$l_{38}{}^*=0.003$，$l_{16}{}^*=0.140$，$S_1{}^{-*}=7\ 045.188$，$S_4{}^{-*}=467.428$	非 DEA 有效，规模报酬递增
牛场 5 号	$q^*=1$，$l_5{}^*=1$	DEA 有效，规模报酬不变
牛场 6 号	$q^*=0.290$，$l_{16}{}^*=0.311$，$l_{22}{}^*=0.204$，$l_{36}{}^*=0.230$，$l_{38}{}^*=0.255$，$S_3{}^{-*}=8.739$，$S_4{}^{-*}=371.441$	非 DEA 有效，规模报酬递增
牛场 7 号	$q^*=0.559$，$l_{22}{}^*=0.596$，$l_{18}{}^*=0.307$，$l_{16}{}^*=0.096$，$S_1{}^{-*}=745.144$，$S_3{}^{-*}=2.858$，$S_4{}^{-*}=666.818$	非 DEA 有效，规模报酬递减
牛场 8 号	$q^*=0.649$，$l_{31}{}^*=0.058$，$l_{36}{}^*=0.324$，$l_{22}{}^*=0.268$，$l_{16}{}^*=0.350$，$S_2{}^{-*}=507.840$，$S_4{}^{-*}=504.166$	非 DEA 有效，规模报酬递增
牛场 9 号	$q^*=0.114$，$l_{16}{}^*=1$，$S_1{}^{-*}=2\ 697$，$S_2{}^{-*}=483$，$S_3{}^{-*}=120$，$S_4{}^{-*}=1\ 677$	非 DEA 有效，规模报酬递减
牛场 10 号	$q^*=1$，$l_{10}{}^*=1$	DEA 有效，规模报酬递增
牛场 11 号	$q^*=0.474$，$l_{16}{}^*=0.289$，$l_{38}{}^*=0.067$，$l_{22}{}^*=0.374$，$l_{18}{}^*=0.270$，$S_1{}^{-*}=3\ 290.654$，$S_3{}^{-*}=112.390$	非 DEA 有效，规模报酬递减
牛场 12 号	$q^*=0.185$，$l_{16}{}^*=0.843$，$l_{31}{}^*=0.157$，$S_1{}^{-*}=4\ 531.686$，$S_2{}^{-*}=366.457$，$S_4{}^{-*}=159.7$	非 DEA 有效，规模报酬递减
牛场 13 号	$q^*=0.331$，$l_{18}{}^*=0.109$，$l_{22}{}^*=0.413$，$l_{16}{}^*=0.276$，$l_{38}{}^*=0.202$，$S_1{}^{-*}=1\ 931.315$，$S_4{}^{-*}=378.231$	非 DEA 有效，规模报酬不变
牛场 14 号	$q^*=0.443$，$l_{16}{}^*=0.208$，$l_{22}{}^*=0.679$，$l_{38}{}^*=0.059$，$l_{36}{}^*=0.055$，$S_3{}^{-*}=1\ 716.507$，$S_4{}^{-*}=89.292$	非 DEA 有效，规模报酬递增
牛场 15 号	$q^*=0.197$，$l_{22}{}^*=0.523$，$l_{16}{}^*=0.477$，$S_1{}^{-*}=3\ 230.483$，$S_2{}^{-*}=37.028$，$S_3{}^{-*}=35.171$，$S_4{}^{-*}=327.283$	非 DEA 有效，规模报酬递减
牛场 16 号	$q^*=1$，$l_{16}{}^*=1$	DEA 有效，规模报酬不变
牛场 17 号	$q^*=0.440$，$l_{22}{}^*=0.633$，$l_{16}{}^*=0.367$，$S_1{}^{-*}=4\ 150.020$，$S_2{}^{-*}=857.734$，$S_3{}^{-*}=390.039$，$S_4{}^{-*}=58.039$	非 DEA 有效，规模报酬递减
牛场 18 号	$q^*=1$，$l_{18}{}^*=1$	DEA 有效，规模报酬不变

（续）

牛场名称	对应 BBC 模型最优解	评价结论
牛场 19 号	$q^*=0.419$，$l_{18}{}^*=0.254$，$l_{22}{}^*=0.445$，$l_{16}{}^*=0.3$，$S_1{}^{-*}=1\ 213.154$，$S_3{}^{-*}=68.5$，$S_4{}^{-*}=170.318$	非 DEA 有效，规模报酬递减
牛场 20 号	$q^*=0.140$，$l_{16}{}^*=1$，$S_1{}^{-*}=2\ 923$，$S_2{}^{-*}=422$，$S_3{}^{-*}=18$，$S_4{}^{-*}=1\ 617$	非 DEA 有效，规模报酬递减
牛场 21 号	$q^*=0.092$，$l_{31}{}^*=0.643$，$l_{16}{}^*=0.357$，$S_1{}^{-*}=2\ 992.714$，$S_2{}^{-*}=43.143$，$S_4{}^{-*}=132.5$	非 DEA 有效，规模报酬递减
牛场 22 号	$q^*=1$，$l_{22}{}^*=1$	DEA 有效，规模报酬不变
牛场 23 号	$q^*=0.562$，$l_{16}{}^*=0.158$，$l_{22}{}^*=0.842$，$S_1{}^{-*}=5\ 658.277$，$S_2{}^{-*}=230.721$，$S_3{}^{-*}=343.331$，$S_4{}^{-*}=143.939$	非 DEA 有效，规模报酬递减
牛场 24 号	$q^*=0.528$，$l_{16}{}^*=0.257$，$l_{22}{}^*=0.743$，$S_1{}^{-*}=14\ 066.712$，$S_2{}^{-*}=641.332$，$S_3{}^{-*}=158.010$，$S_4{}^{-*}=801.737$	非 DEA 有效，规模报酬递减
牛场 25 号	$q^*=0.294$，$l_{16}{}^*=0.217$，$l_{22}{}^*=0.096$，$l_{38}{}^*=0.244$，$l_{31}{}^*=0.279$，$l_{36}{}^*=0.165$，$S_4{}^{-*}=577.701$	非 DEA 有效，规模报酬递增
牛场 26 号	$q^*=1$，$l_{26}{}^*=1$	DEA 有效，规模报酬不变
牛场 27 号	$q^*=0.536$，$l_{16}{}^*=0.177$，$l_{22}{}^*=0.468$，$l_{31}{}^*=0.355$，$S_1{}^{-*}=1\ 046.317$，$S_2{}^{-*}=553.362$，$S_4{}^{-*}=639.339$	非 DEA 有效，规模报酬递减
牛场 28 号	$q^*=0.193$，$l_{16}{}^*=0.633$，$l_{18}{}^*=0.280$，$l_{38}{}^*=0.087$，$S_1{}^{-*}=10\ 291.767$，$S_3{}^{-*}=55.419$，$S_4{}^{-*}=2\ 912.645$	非 DEA 有效，规模报酬递减
牛场 29 号	$q^*=0.263$，$l_{16}{}^*=0.283$，$l_{31}{}^*=0.717$，$S_1{}^{-*}=4\ 028.766$，$S_2{}^{-*}=170.777$，$S_4{}^{-*}=6.14$，$S_2{}^{+*}=229.350$	非 DEA 有效，规模报酬递减
牛场 30 号	$q^*=1$，$l_{30}{}^*=1$	DEA 有效，规模报酬递增
牛场 31 号	$q^*=1$，$l_{31}{}^*=1$	DEA 有效，规模报酬不变
牛场 32 号	$q^*=0.787$，$l_{31}{}^*=0.832$，$l_5{}^*=0.053$，$l_{22}{}^*=0.115$，$S_2{}^{-*}=2\ 014.358$，$S_3{}^{-*}=19.214$，$S_1{}^{+*}=8\ 989.431$	非 DEA 有效，规模报酬递减
牛场 33 号	$q^*=0.270$，$l_{16}{}^*=0.308$，$l_{38}{}^*=0.006$，$l_{22}{}^*=0.425$，$l_{18}{}^*=0.260$，$S_1{}^{-*}=6\ 903.172$，$S_3{}^{-*}=223.854$	非 DEA 有效，规模报酬递减

（续）

牛场名称	对应 BBC 模型最优解	评价结论
牛场 34 号	$q^*=0.334$，$l_{16}{}^*=0.214$，$l_{38}{}^*=0.061$，$l_{22}{}^*=0.559$，$l_{18}{}^*=0.167$，$S_1{}^{-*}=465.259$，$S_3{}^{-*}=285.214$	非 DEA 有效，规模报酬递减
牛场 35 号	$q^*=0.225$，$l_{16}{}^*=0.433$，$l_{18}{}^*=0.148$，$l_{22}{}^*=0.306$，$l_{38}{}^*=0.113$，$S_1{}^{-*}=29\ 514.537$，$S_3{}^{-*}=28.867$	非 DEA 有效，规模报酬递减
牛场 36 号	$q^*=1$，$l_{36}{}^*=1$	DEA 有效，规模报酬递增
牛场 37 号	$q^*=1$，$l_{37}{}^*=1$	DEA 有效，规模报酬递增
牛场 38 号	$q^*=1$，$l_{38}{}^*=1$	DEA 有效，规模报酬不变
牛场 39 号	$q^*=0.319$，$l_{16}{}^*=0.497$，$l_{18}{}^*=0.115$，$l_{22}{}^*=0.388$，$S_1{}^{-*}=2\ 874.805$，$S_3{}^{-*}=193.642$，$S_4{}^{-*}=1\ 304.073$	非 DEA 有效，规模报酬递减
牛场 40 号	$q^*=0.432$，$l_{16}{}^*=0.453$，$l_{22}{}^*=0.348$，$S_1{}^{-*}=7\ 774.502$，$S_2{}^{-*}=6.915$，$S_3{}^{-*}=637.976$，$S_4{}^{-*}=216.989$	非 DEA 有效，规模报酬递减
牛场 41 号	$q^*=0.348$，$l_{16}{}^*=0.285$，$l_{22}{}^*=0.715$，$S_1{}^{-*}=5\ 304.127$，$S_2{}^{-*}=840.517$，$S_3{}^{-*}=233.187$，$S_4{}^{-*}=2\ 087.608$	非 DEA 有效，规模报酬递减
牛场 42 号	$q^*=0.284$，$l_{16}{}^*=0.451$，$l_{18}{}^*=0.48$，$l_{22}{}^*=0.715$，$l_{38}{}^*=0.009$，$S_1{}^{-*}=1\ 361.330$，$S_3{}^{-*}=42.331$	非 DEA 有效，规模报酬递减
牛场 43 号	$q^*=0.481$，$l_{16}{}^*=0.082$，$l_{22}{}^*=0.452$，$l_{18}{}^*=0.176$，$l_{38}{}^*=0.29$，$S_1{}^{-*}=1\ 200.759$，$S_3{}^{-*}=315.316$	非 DEA 有效，规模报酬递减

进一步对各非有效牛场进行投影分析，见表 5.12。研究结果发现，31 个示范奶牛场非 DEA 有效。其中，26 个示范奶牛场存在饲料投入冗长，占总样本的 60.47%；15 个示范奶牛场存在劳动力投入冗长，占总样本的 34.89%；23 个示范奶牛场存在水电费冗长，占总样本的 53.49%；22 个示范奶牛场存在运营投入冗长，占总样本的 51.16%。

以牛场1号为例，其水资源利用综合技术效率为0.422，改进的权重如下，饲料投入X_1，以31号牛场为参照，等比例缩减0.213，即权重为0.213；以此类推，劳动力投入X_2权重为0.351，水电费投入权重为0.003，运营投入权重为0.43；松弛变量S_1表示饲料投入可以减少4 165.057，运营投入S_4可以减少173.53。

5.3.3.2　非有效牛场DEA相对有效面“投影”比例普遍超过62%

在前文最优模型构建中，已经找到了需要改进的投入变量。本部分内容通过非有效单元“投影”分析，找到需要改进的空间大小。即用原始值减去投影值；结果若为正，表示该指标投入需要节省的部分；结果若为负值，表示该指标投入需要增加的部分。由表5.13可知，非有效牛场中，共有90个投入要素需要改进。其中，DEA相对有效面“投影”比例的均值为71%，1/4分位数、1/2分位数和3/4分位数分别是35%、62%和81%。可见，示范牛场的水资源利用绩效改善空间还是比较大的。

以牛场1号为例，其饲料投入X_1原始值为10 387，DEA相对有效面“投影”值为6 221.943，有效投影比例为59.90%，可以改进的空间为40.1%，饲料投入可以节省4 165.057。

表5.13　非有效单元“投影”分析（评价模型BBC）

决策单元	评价指标		原始指标数据	DEA相对有效面“投影”值	DEA相对有效面“投影”比例（%）
牛场1号	投入指标	X_1	10 387	6 221.943	59.90
		X_4	272	98.47	36.20
牛场2号	投入指标	X_1	7 304	5 101.32	69.84
		X_2	1 469	1 403.255	95.52
		X_3	226	184.526	81.65
		X_4	341	153.88	45.13

（续）

决策单元	评价指标		原始指标数据	DEA相对有效面“投影”值	DEA相对有效面“投影”比例（%）
牛场4号	投入指标	X_1	13 616	6 570.812	48.26
		X_4	554	86.572	15.63
牛场6号	投入指标	X_3	202	193.261	95.67
		X_4	470	98.559	20.97
牛场7号	投入指标	X_1	7 694	6 948.86	90.32
		X_3	1 297	178.142	13.73
		X_4	1 281	614.182	47.95
牛场8号	投入指标	X_2	1 626	1 118.16	68.77
		X_4	605	100.834	16.67
牛场9号	投入指标	X_1	9 680	6 983	72.14
		X_2	1 712	1 229	71.79
		X_3	470	350	74.47
		X_4	1 737	60	3.45
牛场11号	投入指标	X_1	10 846	7 555.346	69.66
		X_3	339	528	155.75
牛场12号	投入指标	X_1	11 669	7 137.314	61.16
		X_2	1 537	1 170.54	76.16
		X_3	212	52.3	24.67
牛场13号	投入指标	X_1	8 890	6 958.685	78.28
		X_4	667	288.769	43.29
牛场14号	投入指标	X_3	1 875	158.493	8.45
		X_4	246	156.708	63.70
牛场15号	投入指标	X_1	8 756	5 525.517	63.11
		X_2	1 401	1 363.972	97.36

（续）

决策单元	评价指标		原始指标数据	DEA 相对有效面“投影”值	DEA 相对有效面“投影”比例（%）
牛场 15 号	投入指标	X_3	257	221.829	86.31
		X_4	460	132.717	28.85
牛场 17 号	投入指标	X_1	9 370	5 219.295	55.70
		X_2	2 250	1 392.980	61.91
		X_3	585	194.961	33.33
		X_4	206	147.961	71.83
牛场 19 号	投入指标	X_1	8 300	7 086.846	85.38
		X_3	288	219.5	76.22
		X_4	682	511.682	75.03
牛场 20 号	投入指标	X_1	9 906	6 983	70.49
		X_2	1 651	1 229	74.44
		X_3	368	350	95.11
		X_4	1 677	60	3.58
牛场 21 号	投入指标	X_1	10 607	7 614.286	71.79
		X_2	1 033	989.857	95.82
		X_4	161	28.5	17.70
牛场 23 号	投入指标	X_1	10 295	4 637	45.04
		X_2	1 677	1 446.28	86.24
		X_3	487	143.67	29.50
		X_4	321	177.061	55.16
牛场 24 号	投入指标	X_1	18 980	4 913.288	25.89
		X_2	2 062	1 420.668	68.90
		X_3	353	167.99	47.59
		X_4	965	163.26	16.92

（续）

决策单元	评价指标		原始指标数据	DEA 相对有效面“投影”值	DEA 相对有效面“投影”比例（%）
牛场 25 号	投入指标	X_4	646	68.299	10.57
牛场 27 号	投入指标	X_1	7 074	6 027.683	85.21
		X_2	1 771	1 217.638	68.75
		X_4	747	107.661	14.41
牛场 28 号	投入指标	X_1	18 994	8 702.233	45.82
		X_3	370	314.581	85.02
		X_4	3 404	491.355	14.43
牛场 29 号	投入指标	X_1	11 716	7 687.234	65.61
		X_2	1 133	962.223	84.93
		X_4	31	24.86	80.19
	产出指标	Y_2	101	613.32	607.25
牛场 32 号	投入指标	X_2	2 966	951.642	32.09
		X_3	38	18.78	49.42
	产出指标	Y_1	1 300	10 640.967	818.54
牛场 33 号	投入指标	X_1	14 096	7 192.828	51.03
		X_3	447	223.146	49.92
牛场 34 号	投入指标	X_1	6 942	6 476.741	93.30
		X_3	476	190.786	40.08
牛场 35 号	投入指标	X_1	36 738	7 223.463	19.66
		X_3	276	247.133	89.54
牛场 39 号	投入指标	X_1	10 385	6 510	62.69
		X_3	439	245.358	55.89
		X_4	1 594	289.927	18.19
牛场 40 号	投入指标	X_1	13 234	5 459.5	41.25

（续）

决策单元	评价指标		原始指标数据	DEA 相对有效面“投影”值	DEA 相对有效面“投影”比例（%）
牛场 40 号	投入指标	X_2	1 377	1 370.085	99.50
		X_3	854	216.024	25.30
		X_4	353	136.011	38.53
牛场 41 号	投入指标	X_1	10 295	4 990.873	48.48
		X_2	2 254	1 413.483	62.71
		X_3	408	174.813	42.85
		X_4	2 247	159.392	7.09
牛场 42 号	投入指标	X_1	10 738	9 376.67	87.32
		X_3	336	293.669	87.40
牛场 43 号	投入指标	X_1	8 650	7 449.241	86.12
		X_3	500	184.684	36.94

5.3.4 北京奶牛养殖业与水资源利用经济效益分析

本章前面三部分的分析都是依据常规指标，计算出北京、全国平均及奶业典型省份的水资源利用绩效，对奶牛养殖业与水资源利用经济效益的分析深入不够。因此，本部分增加体现用水效率的特征指标：用水量投入、用水设备及水费投入、电费投入，进行相关性分析及 DEA 分析。

在奶牛养殖场水资源利用绩效的调查中，共收集 48 份有效问卷。又因为北京奶牛养殖场以中规模、大规模养殖为主，而不同的样本总体对水资源利用绩效的评价有直接影响。因此，排除了散户养殖数据，并对规模牛场进行了随机筛选，共选出 27 家养殖场，其数据特征如下：样本均值为 489.39，中值为 387.5，标准差为

403.318，极小值为 157，极大值为 2 238，50%的存栏规模在 280～560 头。

对奶牛养殖场按存栏规模分成 4 组。分组如下：第一组为存栏规模在 100～300 头（包括 100，300）的奶牛养殖场，共有 9 家，占 33.33%；第二组为存栏规模在301～500 头的奶牛养殖场，共有 9 家，占 33.33%；第三组为存栏规模为 501～700 头的奶牛养殖场，共有 4 家，占 14.82%；第四组为存栏规模在 701 头以上的奶牛养殖场，共有 5 家，占 18.52%。

5.3.4.1 水资源利用效率分析

通过数据包络分析法计算不同养殖规模的奶牛养殖场的水资源利用效率，发现水资源利用综合技术效率由高到低分别是 501～700 头规模养殖场（0.968）、701 头以上规模养殖场（0.833）、301～500 头规模养殖场（0.797）、100～300 头规模养殖场（0.792）。其中，501～700 头和 701 头以上规模养殖场的水资源利用纯技术效率均为 1，DEA 有效（表 5.14）。这说明水资源利用效率与规模养殖存在一定的相关性，当养殖规模在 100～700 头，规模越大，水资源利用效率越高；当养殖规模大于 700 头时，规模越大，水资源利用效率越低。

从水资源利用规模效率上看，由高到低分别是 501～700 头规模养殖场（0.968）、301～500 头规模养殖场（0.954）、100～300 头规模养殖场（0.920）和 701 头以上规模养殖场（0.833）。其中，701 头以上规模养殖场规模效率明显低于平均水平（0.922）。这说明在提高水资源利用效率的潜力上，超大型规模养殖场不占优势（表 5.14）。

综上所述，选择合适的养殖规模有利于提高水资源利用效率。通过对水资源利用综合技术效率、纯技术效率和规模效率的分析可知，北京适合发展 301～700 头规模的养殖场。

表 5.14　不同规模养殖场的水资源利用效率分析

项　目	投入主导			产出主导		
	水资源利用综合技术效率 TE	纯技术效率 PTE	规模效率 SE	水资源利用综合技术效率 TE	纯技术效率 PTE	规模效率 SE
100～300 头均值	0.792	0.863	0.920	0.792	0.871	0.903
301～500 头均值	0.797	0.831	0.954	0.797	0.875	0.892
501～700 头均值	0.968	1.000	0.968	0.968	1.000	0.968
701 头以上均值	0.833	1.000	0.833	0.833	1.000	0.833
总体均值	0.827	0.898	0.922	0.827	0.915	0.896

5.3.4.2　水资源成本分析

考虑到北京奶业养殖用水征收标准不一，为了更好地衡量水资源的实际市场成本，本研究以北京市居民用水阶梯水价表为征收标准，按照实际用水的不同阶级，分别征收收费，水资源实际市场成本具体公式如下：

用水量为 X 立方米，水费为 Y 元，①当 $X\leqslant 180$，$Y=5\times X$；②当$180<X\leqslant 260$，$Y=(X-180)\times 7+900$；③当 $X>260$，$Y=(X-260)\times 9+1460$。

从实际每月用水量上看，由低到高分别是 100～300 头奶牛养殖场、501～700 头奶牛养殖场、301～500 头奶牛养殖场、701 头以上奶牛养殖场。从每月上缴水费上看，由低到高分别是 701 头以上奶牛养殖场、301～500 头奶牛养殖场、100～300 头奶牛养殖场、501～700 头奶牛养殖场。其中，701 头以上规模养殖场用水量最大，但每月上缴水费却最少，如果按实际市场成本转化，相当于只上缴了实际成本的约 1/37；301～500 头奶牛养殖场用水量次之，每月上缴水费 276.78 元，约是实际市场价值的1/20；501～700 头奶牛养殖场和 100～300 头奶牛养殖场用水量较少，但每月上缴水费在4个规模中，转化为实际市场价值比值却较高，都约是实际市场价值的1/5。总体上，养殖场水资源实际支付成本远小于市场成本，其中701头以上奶牛养殖场消耗水资源实际市场成本最高（表5.15）。

表5.15 不同规模养殖场水资源使用量与成本分析

项 目	实际每月用水量（立方米）	每月上缴水费（元）	实际市场成本（元）
100～300头均值	345	442.67	2 325.22
301～500头均值	675.67	276.78	5 334.33
501～700头均值	373.5	525.00	2 494.50
701头以上均值	1 213.2	266.80	10 102
总体均值	620.22	367.00	4 793.48

从微观上进行每50千克原料奶的水成本与总成本的比较。该部分涉及的计算公式较为复杂，首先通过用水量与产奶量的比值，计算出1千克原料奶的用水量，再用1千克原料奶的用水量乘以50，得到50千克原料奶的用水量。此外，还需计算出每千克水的价格，先计算每月上缴水费与每月用水量的比值，得到每吨水的价格，再转化为每千克水的价格。在此基础上，可以计算50千克水成本。

可见，每50千克原料奶的水成本、总成本都与规模大小呈负相关关系。随着规模养殖场的扩大，水成本和总成本都逐渐减少。其中，501～700头奶牛养殖场产1千克原料奶的用水量最小。再比较每50千克原料奶水成本占总成本的比重，发现比值极小，不足1%，且仅有100～300头养殖场的比值超过了0.1%。这说明水资源使用的实际市场价值是处于被窃取的状态下，养殖场生产原料奶付出的水资源代价非常小（表5.16、表5.17）。

表 5.16 1 千克原料奶用水量、50 千克原料奶用水量和 1 千克水价格

项　　目	1 千克原料奶用水量（千克）	50 千克原料奶用水量（千克）	1 千克水价格（元）
100～300 头均值	5.16	258.08	0.001 3
301～500 头均值	5.63	281.32	0.000 4
501～700 头均值	2.20	109.79	0.001 4
701 头以上均值	3.13	156.31	0.000 2
总体均值	3.89	194.57	0.000 6

表 5.17 每 50 千克原料奶的水成本与总成本的比较

项　　目	水成本①（元）	总成本②（元）	水成本占总成本比重（%）
100～300 头均值	0.33	222.35	0.15
301～500 头均值	0.12	204.82	0.06
501～700 头均值	0.15	168.91	0.09
701 头以上均值	0.03	159.71	0.02
总体均值	0.12	199.07	0.06

①每 50 千克原料奶的水成本＝1 千克水价格×50 千克原料奶用水量。

②每 50 千克原料奶的总成本＝总成本/原料奶产量×50。

5.3.4.3 水资源收入分析

通过计算每月产奶量与每月用水量的比值，得到 1 千克水的产奶量，再与 2015 年北京奶牛养殖场生鲜乳收购价格均值 3.85 相乘（该数据为北京奶牛创新团队依据 43 家示范牛场 12 个月上报数据汇总而来），得到 1 千克水生产的原料奶收入。

通过分析发现，奶牛养殖场规模与每月产奶量、销售原料奶收入成正相关关系，即养殖规模越大，产奶量和销售收入越多。再看 1 千克水的产奶量与 1 千克水产奶收入，发现 501～700 头的规模，水资源创造的经济价值最显著（表 5.18）。

表 5.18　不同规模养殖场产奶收入和水资源价值分析

项　　目	每月产奶量（吨）	销售收入（万元）	1 千克水产奶量（千克）	1 千克水产奶收入（元）
100～300 头均值	66.84	25.74	0.19	0.73
301～500 头均值	120.09	46.23	0.18	0.70
501～700 头均值	170.10	65.47	0.46	1.78
701 头以上均值	388.08	149.41	0.32	1.23
总体均值	159.38	61.36	0.26	1.0

5.4　本章小结

通过分析北京、山西、辽宁、黑龙江、上海、江苏、安徽、福建、河南、四川、甘肃典型奶牛养殖省份的水资源利用效率情况，发现北京、山西、辽宁、黑龙江水资源利用综合技术效率高于其他省份。其中，北京的大规模奶牛养殖场技术发展与其他省份相比具有明显优势，其技术进步值为 1.036，意味着每年保持 3.6%的技术进步增值率。此外，技术进步保持 1%以上年增长率的省有山西、黑龙江、河南、四川。

从投入主导模型和产出主导模型的对比分析结果看，结果发现两种不同主导的模型下，除个别省份存在明显差异外，大部分省份差异不大。从指标上看，产出主导 DEA 模型的纯技术效率普遍略高、规模效率普遍略低于投入主导 DEA 模型的计算结果，但差距在 0.1 个百分点以下波动。

通过分析 2004—2013 年全国平均水平奶牛养殖场水资源利用效率变化规律，发现全国平均水平奶牛养殖场的中规模、大规模养殖场水资源利用综合技术效率相差不大，分别为 0.979 和 0.980。但在管理上，大规模奶牛养殖场更规范、发挥的规模效益更好，水资源利用规模效率分别为 0.980 和 0.988。从反映效率变化的全要素生产指数上看，全要素生产率的变动由技术进步带来，且大规模奶牛养殖场技术进步更明显，10 年平均中规模技术进步指数和大规模技术进步指数分别为 0.954 和 0.978。

通过分析 2004—2013 年北京奶牛养殖场水资源利用效率变化规律，发现北京大规模奶牛养殖场水资源利用综合技术效率为 0.941，明显高于中规模奶牛养殖场 0.898。在规模化养殖管理水平上，大规模养殖场优势更明显，规模技术效率为 0.970，而中规模为 0.937。从反映效率变化的全要素生产指数上看，与全国平均水平相比，北京规模奶牛养殖场的 TFP 指数变化幅度较大，在 0.4～1.8，并且大规模 TFP 指数变化波动较大，2008 年达到最低值 0.571，2011 年达到最高值为 1.614。这说明北京奶牛养殖业对奶业发展的市场环境变化较为敏锐，变化波动更大；其次，北京的大规模养殖场 TFP 指数高于中规模，前者为 0.973，后者为 0.964。

通过分析北京 43 家典型示范牛场的水资源利用效率，发现不同区间的水资源利用效率差距较大，大兴区发展较快，2014—2015 年连续两年保持规模效率递增；而丰台区、海淀区、密云区则由 2014 年的规模报酬递增转变为 2015 年的规模报酬递减。这与北京调整奶业布局政策有关，大兴区位于远郊，属于城市发展新区，承担生产制造的功能，丰台区、海淀区属于城八区之一，作为城市功能扩展区，承担外向型经济服务功能，其区域内养殖业生产将受到限制，养殖业重心往城市发展新区偏移和集聚。然而，位于生态涵养区的房山区、密云区、延庆区的技术效率指数 TFP 小于 1，分别为 0.961、0.944 和 0.785，低于北京市平均水平。这意味着这 3 个远郊区，尤其需要不断提高技术和管理水平，需要政府的大力扶植。生态涵养区的经济发展较为落后，但它承担着北京生态屏障和水源保护地的职能，因此区域内养殖更需要注重环境和可持续发展问题。

通过细化养殖场存栏规模，划分为100～300头奶牛养殖场、301～500头奶牛养殖场、501～700头奶牛养殖场、701头以上奶牛养殖场，进一步分析奶牛养殖业规模与水资源利用的经济效益。结果表明，501～700头奶牛养殖场水资源综合利用效率最高，为0.968；从成本上看，1千克原料奶的用水量最少，用水为2.20千克，1千克水价格最高，为0.001 4；此外，从收益上看，1千克水产奶量最高，为0.46千克，1千克水产奶收入也最高，为1.78元。因此，北京奶牛养殖业要走可持续发展道路，应该限制养殖规模，并不是越大越好。从研究结果看，北京适合发展501～700头的规模养殖场。

6 北京奶牛养殖业水资源利用问题[①]

大中规模奶牛养殖场不断扩大其养殖规模，追求自身利益，以浪费自然资源、牺牲环境为代价，环保意识淡薄，造成大量水资源浪费及污染。形成这一情况的原因主要包括以下几个方面。

6.1 节约水意识淡薄

规模化奶牛养殖场的发展满足了乳品快速增长的需求，同时带动养殖户的收益。而水资源的使用问题是局部性问题，未受到政府部门及其他机构的重视，甚至出现产业发展越迅速，对水资源的浪费与污染越严重。无论是生产部门或养殖、生产者，都选择以经济利益为首要目标，忽视对环境的影响，更没有相应的解决措施。

6.1.1 各区水资源利用绩效差异大

通过具体分析北京 43 家示范牛场的奶牛养殖水资源利用综合技术效率、纯技术效率、规模效率、规模报酬状态、全要素生产指数 TFP。结果表明从整体上，与 2014 年相比，2015 年的水资源利用综合技术效率、纯技术效率和规模效率分别提高了 0.053、0.05、0.013，发展态势是向上的。但从各区来看，房山区、顺义区、通州区水资源利用综合效率为 1，其他区均小于 1，其中又以

---

① 集约型畜牧业发展与水资源保护问题。

延庆区的水资源利用综合效率为低，各区差异明显。不过从趋势上看，除了昌平区的水资源利用综合技术效率有所下降以外，其他各区都保持不变或有上升趋势。但是，从规模报酬状况上看，2015年整体的规模报酬状态都是规模不变或递减的，这与2015年全国奶业经济不景气有关。为了降低风险，大部分奶牛养殖场都选择了保守和减少规模的措施。此外，北京还受到城区不同功能区定位的影响，奶牛养殖业重心往城市发展新区转移。因此，大兴区的规模报酬状态处于规模报酬递增状态。

再看各区的全要素指数TFP指数，发现各区差异明显。其中，丰台区、海淀区、顺义区、通州区的TFP指数明显高于其他各区。说明这些区的技术进步较快，再看房山区、密云区、延庆区的TFP指数小于1，说明这些区在技术和管理水平上暂时落后其他各区，需要迎头赶上（图6.1和表6.1）。

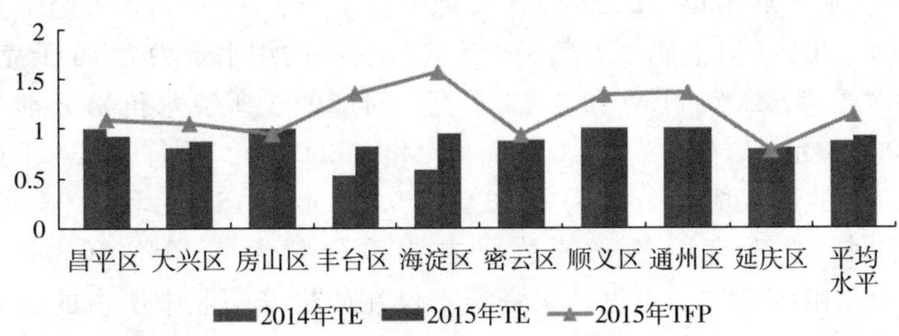

图6.1 2014—2015年北京奶牛养殖业水资源利用综合技术效率TE、全要素指数TFP变化

表6.1 2014—2015年北京奶牛养殖业水资源利用效率的规模报酬变化

各区	投入主导模型规模报酬状态		产出主导模型规模报酬状态	
	2014年	2015年	2014年	2015年
昌平区	—	Drs	—	Drs
大兴区	Irs	Irs	Irs	Drs

（续）

各区	投入主导模型规模报酬状态		产出主导模型规模报酬状态	
	2014 年	2015 年	2014 年	2015 年
房山区	—	—	—	—
丰台区	Irs	Drs	Drs	Drs
海淀区	Irs	Drs	Drs	Drs
密云区	Irs	Drs	Irs	Drs
顺义区	—	—	—	—
通州区	—	—	—	—
延庆区	—	—	—	—

6.1.2 水资源经济效益贡献率显著低估

通过深入分析奶牛养殖业水资源利用的经济效益，发现 100～300 头奶牛养殖场、301～500 头奶牛养殖场、501～700 头奶牛养殖场、701 头以上奶牛养殖场 1 千克原料奶的用水量为 5.16 千克、5.63 千克、2.20 千克和 3.13 千克，对应的 1 千克水价格分别为 0.001 3 元、0.000 4 元、0.001 4 元和 0.000 2 元，则算成 50 千克原料奶的用水成本分别为 0.33 元、0.12 元、0.15 元和 0.03 元，分别占 50 千克原料奶的总成本比重分别为 0.15%、0.06%、0.09%和 0.02%。可见，水资源不仅在奶牛养殖业中所占的成本极小，而且远远低于其市场价值，北京居民地下水用水价格为 1 千克水为 5 元，而奶牛养殖业 1 千克水的价格却远小于 0.1 元。按北京居民用水阶梯水价表对奶牛养殖业每月用水量进行市场价值计算，结果表明，100～300 头奶牛养殖场、301～500 头奶牛养殖场、501～700 头奶牛养殖场除了实际上缴的水费外，成为“沉淀成本”的市场价值分别为 1 882.55 元、5 057.55 元、1 969.50 元和 9 835.20元，意味着奶牛养殖场水资源每月损失的市场价值分别达到其实际价值的 80.96%、94.81%、78.95%和 97.36%。

从水资源对奶牛养殖场收入的贡献上看，100～300 头奶牛养殖场、301～500 头奶牛养殖场、501～700 头奶牛养殖场和 701 头以上奶牛养殖场 1 千克水的产奶量分别为 0.19 千克、0.18 千克、0.46 千克和 0.32 千克，按 2015 年生鲜乳平均收购价格 3.85 元/千克计算，1 千克水的产奶收入分别为 0.73 元、0.70 元、1.78 元和 1.23 元，则算成 50 千克水的产奶收入分别为 36.5 元、35 元、89 元和 61.5 元。与 50 千克原奶的水成本相比，100～300 头奶牛养殖场、301～500 头奶牛养殖场、501～700 头奶牛养殖场生产 50 千克水的产奶收入占 50 千克原料奶的水成本的倍数分别为 110.61 倍、291.67 倍、593.33 倍和 2 050 倍。可见，奶牛养殖场的水资源创造的市场价值远远被低估了（图 6.2）。

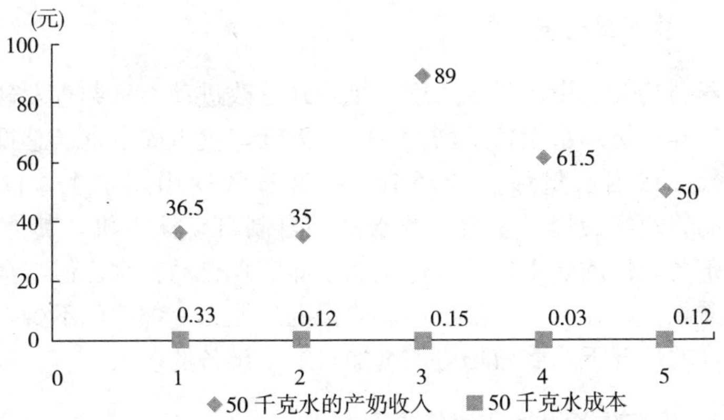

图 6.2　50 千克水的产奶收入与 50 千克原料奶的水成本比较

注：1 代表 100～300 头奶牛养殖场；2 代表 301～500 头奶牛养殖场；3 代表 501～700 头奶牛养殖场；4 代表 701 头以上奶牛养殖场；5 代表平均水平。

6.2　技术及管理匮乏

水资源利用问题一直未受重视，养殖场缺少节约和保护水资源的技术设计。诸如生产过程使用越多的水，产生的液态废弃物就越多，处理越困难，大量水资源被浪费。水资源使用成本低，养殖场通过高耗水，减少人工使用量。

6.2.1 缺乏水量使用记录

通过调查研究，发现 77.8%的养殖场用水不收费或象征性收取水费，22.2%的养殖场按实际用水征收的养殖场中包括了部分用水不按水费征收的情况，可见单纯所有用水都按水价征收的比例极少。这反映出北京在奶牛养殖业水资源的使用上，是缺乏用水记录的，每个养殖场对养殖的各个环节用水、每日用水总量缺乏准确的认识，不利于水资源的监测和分析。

6.2.2 节水设备投入不足

养殖场节水设备投入力度不足，缺乏改进动力。调查发现，北京奶牛养殖场用水设备平均为 14.74 万元，仅占固定资产总投入的 1.14%。在用水量最大的环节，牛群日常饮用用水上，仅有约 10%的养殖场使用了全自动饮水器和自制自动饮水机，其他 90%的养殖场使用的是水槽饮水，虽然也能实现自动补水，但与全自动饮水器相比，在水的清洁度和保湿保温的能力上都逊色不少，在条件允许的情况下，养殖场应该增加对节水设备的投入。

6.2.3 规模化管理水平有待提升

北京奶牛养殖水资源利用综合效率在全国居于前列，但规模化管理水平还需强化。通过与奶牛养殖典型省份的对比分析，发现北京奶牛养殖业水资源利用综合效率在全国居于领先地位，尤其是其技术进步值明显高于其他省份。但是，在具体分析 2004—2013 年北京奶牛养殖业水资源利用综合技术效率规模时，发现其在 2004 年、2008 年和 2013 年综合技术效率分别为 0.919、0.816 和

0.790，其纯技术效率值都为 1。可见，导致综合技术效率无效的主要原因是规模化管理水平没有跟上，导致规模效率值无效。

从中规模、大规模奶牛养殖场的水资源利用综合效率上看，大规模奶牛养殖场水资源利用综合技术效率、纯技术效率和规模效率都高于中规模，在规模化养殖管理水平上具有较好的经验、技术，但是仍然需要强化。2008 年、2010 年、2012 年和 2013 年规模效率值分别为 0.832、0.997、0.974 和 0.958，均没有实现规模有效。

6.2.4 中规模奶牛养殖场技术进步较慢

技术进步率规模差异显著，中规模奶牛养殖场技术进步较慢。通过分析近 10 年北京与全国平均水平的水资源利用全要素变化指数 TFP 发现，北京规模奶牛养殖场的技术进步比全国平均水平快。其中，北京中规模、大规模的全要素生产指数 TFP 分别为 0.4 和 1.043，分别比全国平均水平高出 0.217 和 0.825。但是，再比较北京奶牛养殖业中规模与大规模之间的差异，发现中规模奶牛养殖场技术进步落后于大规模养殖场。从纯技术效率上看，平均低 0.01，从技术进步指数上看，平均低 0.09。可见，虽然北京的奶牛养殖业技术进步在全国奶牛养殖业中居于明显优势，但是中规模奶牛养殖场技术进步落后于大规模养殖场的问题不容忽视（图 6.3、

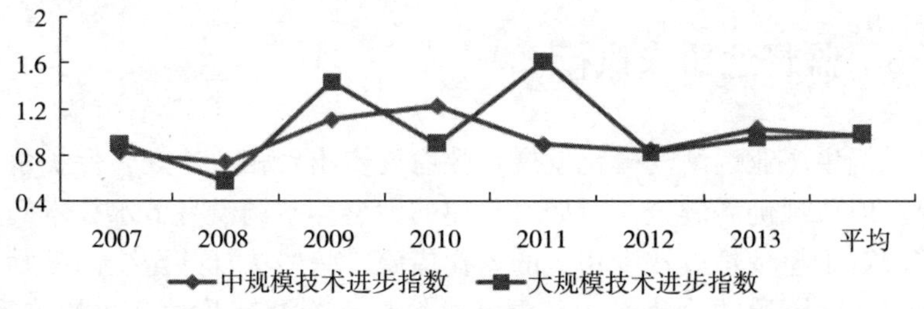

图 6.3 2007—2013 年北京规模奶牛养殖场水资源利用技术进步指数比较

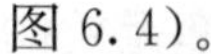
图 6.4)。

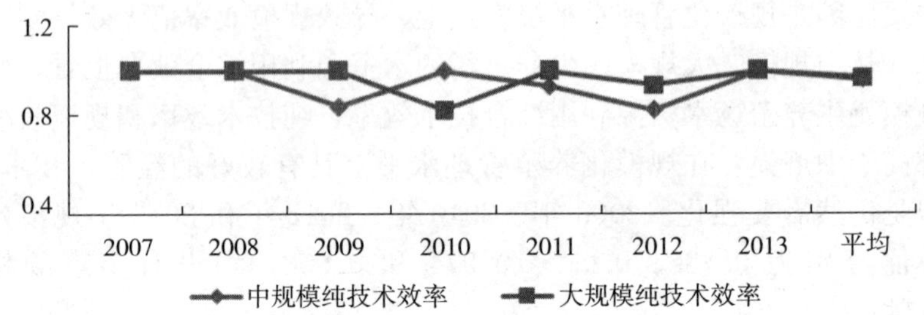

图 6.4　2007—2013 年北京规模奶牛养殖场水资源利用纯技术效率比较

6.2.5　部分奶牛养殖场存在投入过剩

水资源利用非有效奶牛养殖场，主要存在投入冗长问题。通过分析北京 43 个示范奶牛养殖场的水资源利用效率，发现 72.09％的奶牛养殖场属于水资源利用非有效。其中，26 个奶牛养殖场存在饲料投入冗长，15 个示范奶牛场存在劳动力投入冗长，22 个示范奶牛场存在运营投入冗长。进一步分析非有效奶牛养殖场的相对有效面“投影”，即需要改进的空间大小，发现 DEA 相对有效面投影比例的均值为 71％，1/4 分位数、1/2 分位数、3/4 分位数分别是 35％、62％和 81％，这说明示范牛场的水资源利用绩效改善空间较大。

6.3　监督惩罚未执行

奶牛产业逐渐规模化发展，政府逐步出台相关法规，保护水资源。但法规仍需健全，诸如对新建的大型养殖场没有节水技术的要求，对于超量排放缺少相应的惩罚措施。一些法规甚至变向鼓励采用浪费水资源的养殖方式。更重要的是，若没有及时有效的监管，即使有健全的法律法规，依然不能提高水资源利用效率。地方部门片面追求经济效益，加之缺乏专业知识，忽视了评估新建养殖场环境；定期检测、检查污染物排放量；实施惩罚措施等，水资源利用效率亟待提高。

6.3.1　地下水使用超载

养殖场水资源来源渠道单一，主要以地下水为主。地下水用水率高，不利于保护地下水。调查发现，北京奶牛养殖场 84.4%使用地下水，不到 5%的养殖场建立了收集雨水池，每日用水中 90.1%的水资源来自地下水，压力储水罐每日平均需供水 10 吨。可见，奶牛养殖对地下水依赖程度高，使用频率多、强度大。这与越来越便利的供水设备——压力储水罐有密切关系。它取代水塔和高位水箱，能够全自动供水，停电后仍可持续供水一定时间实现自动供水，为养殖户省心省力；罐体内部全部封闭，水质不易污染，能够抑制细菌及微生物的生长，且灵活性强，压力可随需要调节，具有抗震、防雷击的特性。其次产品投资小、占地面积小、便于迁移、灵活性强，比建造水塔、高位水箱节省投资 50%～70%。这些优势无形中推动了养殖户对地下水的使用率和依赖程度。如果不对地下水使用进行监管，提高使用地下水的成本或代价，那么北京地下水开采过度等问题仍将继续恶化。

6.3.2　水价定价机制不合理

水费支出少于电费，水费管理落后于电量管理。水价没有明显增强节水意识。通过调查研究，发现 1 头奶牛每月在水费上的支出约为 8.22 元，电费支出约为 22.40 元，水费支出比电费少 63.3%。每月电量使用有明确记录，每月水费无数据记录，表明养殖场人员节约用电意识明显高于节约用水意识。

根据《全国农产品成本收益汇编》整理出全国与北京奶牛养殖业水费电费使用情况，发现全国中规模奶牛养殖场头均奶牛养殖成本中，水费支出远小于电费，甚至不到电费支出的1/2；而北京中规模奶牛养殖场头均奶牛养殖成本中，水费支出更少，2011年仅为电费支出的1/14，比全国平均水费支出少80%左右。但是，在头均奶牛电费使用上，北京高于全国水平，且二者的差距呈扩大趋势。2011年，北京头均奶牛电费支出141元，比全国高4.45元，2012年支出257.50元，比全国高72.01元（图6.5）。

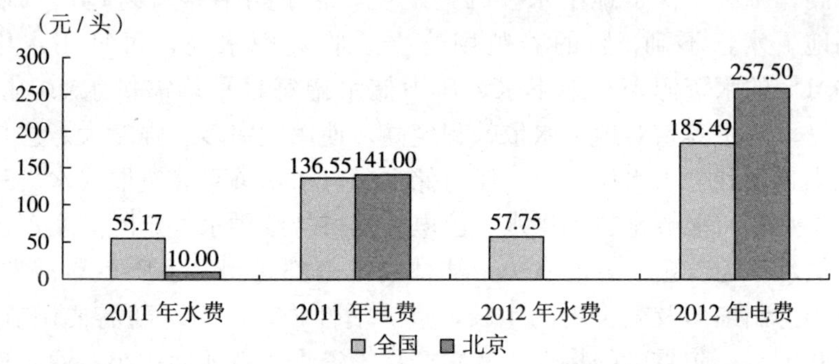

图6.5 2011—2012年北京和全国中规模奶牛养殖场水电费情况

总体上，北京和全国中规模奶牛养殖场头均奶牛在水费电费的支出上，都呈现出上涨趋势，其中水费上涨幅度较缓慢，电费上涨幅度较大，且北京电费上涨幅度大于全国电费上涨幅度。

全国大规模奶牛养殖场头均奶牛养殖成本中，水费支出仅为电费支出的25%～30%，北京大规模奶牛养殖场头均奶牛养殖成本中，水费支出更少，不到电费支出的5%。2011—2012年北京头均奶牛水费支出分别为0.25元和6.13元。在头均奶牛电费使用上，北京大规模奶牛养殖场电费支出上，上涨幅度远大于全国平均水平，2011—2012年北京电费支出比全国水平平均少162.64和1.70元（图6.6）。

总体上，与中规模奶牛养殖场水电费支出相比，2011—2012全国大规模奶牛养殖场头均奶牛在水费支出上分别高出22.35元、

14.66元，电费支出上分别高出116.58元、99.80元，二者差距呈缩小趋势；2011—2012年北京大规模奶牛养殖场头均奶牛在水费支出上几乎为零，这很可能得益于政策红利；电费支出上分别高出−50.51元、26.09元。可见，大规模养殖场头均奶牛养殖从水电费支出上成本大于中规模养殖，但其成本差距呈缩小趋势。这说明规模养殖化的红利在不断扩大。

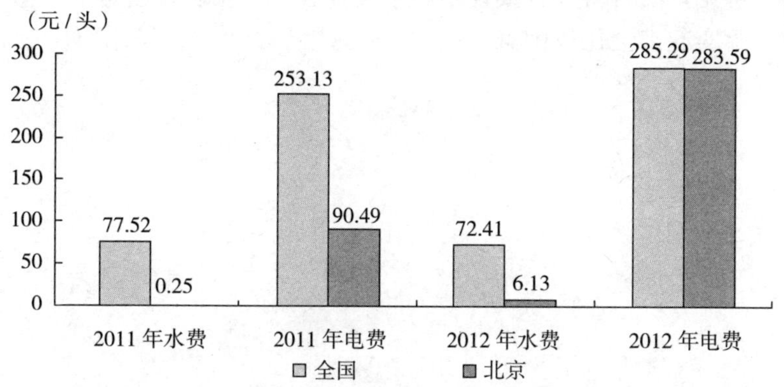

图6.6　2011—2012年北京和全国大规模奶牛养殖场水电费情况

综上所述，北京奶牛养殖业在水费、电费上成本低于全国水平，占有明显优势。一方面，这主要得益于北京相关政策的支持和奶牛养殖技术的优势，相对其他省市更能节水节电；另一方面，也可以看出北京奶牛养殖业在水费征收制度上比较宽松，几乎不需要收取水费，水资源的价值没有市场价值。

6.3.3　自备井置换计划和水费征收落实难

自备井置换计划和水费征收落实难，奶农反响冷淡。自备井置换市政供水管网，是政府提高对地下水使用监管力度的重要举措。但调查发现，76.3%的养殖场不打算申请该计划，主要原因是担心用水成本提高，使本来在奶业不景气的环境下已经陷入维持困难的养殖经营雪上加霜。

对于征收水费改善用水效率的举措，仅有 32.5%的养殖场认为有明显或一定效果；而有 50%的养殖场认为会影响奶牛积极性；17.5%的养殖场认为没有效果或效果不明显。而且在对提高用水效率的建议上，有近 40%的养殖场认为不交水费有利于提高用水效率。

可见，在自备井置换计划和水费征收上，奶农普遍是不太愿意的，落实起来会比较困难。

7 北京奶牛养殖业水资源利用优化建议

按照“高效、节水、生态、安全”的要求，以节水富民、增质提效、无疫安全为目标，保障首都乳制品市场有效供给水平，努力推进奶牛产业节水，调整优化奶牛产业结构，着力构建与首都功能定位相一致、与生态环境保护相融合的奶牛产业结构，为建设国际一流的和谐宜居之都做出贡献。随着产业的进一步发展，乳制品需求不断增加，劳动力成本提高，规模化不断扩大，养殖业对水环境的压力也日益突出。解决这一问题，需要多个主体共同努力——政府、企业、公众等。主要从两个角度入手：采取节水型生产方式，降低水耗，减少浪费；治理污水，将污水处理后再排放。努力发展节水型、生态型、环境友好型的奶牛产业，增强北京奶牛产业在全国的影响力和带动力。

7.1 推进节水技术

在节约用水方面，积极推广节水技术。例如，将粪便干湿分离，进行干清粪处理，粪便水分含量较低，可直接出售给种植业农户，或作为原料出售给有机肥料加工厂，降低粪水排放量。剩余粪水通过三级沉降池沉淀净化，达到规定的排放标准。

7.1.1 建立两级数据监控系统

准确全面的数据是进行科学分析的基础。调查发现，77.8%的养殖场用水不收费或象征性收取水费。这反映出在北京奶牛养殖业水资源的使用上，是缺乏用水记录的，每个养殖场对养殖的各个环节用水、每日用水总量缺乏准确的认识，不利于水资源的监测和分析。同时，对奶牛养殖场水资源使用情况的全面记录，也是研究奶牛养殖业科学用水制度和水费收取制度的基础。因此，建立两级数据监控系统，准确把握用水信息非常必要。其中，两级数据监控系统是指从政府、养殖户两个层次进行数据监控和收集。对政府而言，建立远程数据监测系统，实现数据传输的自动化，一方面，避免了人为上报出现的数据失真现象；另一方面，也是便民简政的体现，提高了行政效率。对养殖户而言，建立即时数据系统，有利于他们及时了解用水情况，对用水量形成科学认识，从而自觉节约用水。两级数据监控系统的工作原理如图 7.1 所示。

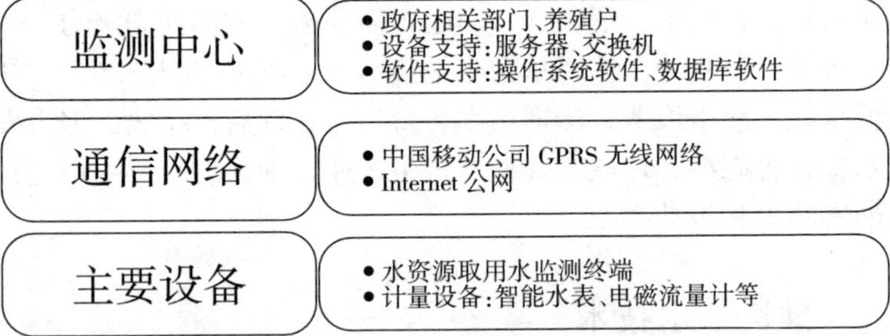

图 7.1　奶牛养殖业水资源利用两级监测数据系统工作原理

在实施办法上，建议各区政府采用招标的方式，统一为奶牛养殖业用水户进行设备安装。依据本区的奶牛养殖户数、每月用水量估计值等指标，确定用水监测点的标段数量及范围，主要设备为遥测终端、无线通信模块、电源装置和安装辅材等。随着严格水资源管理制度的出台和信息技术的发展，目前市场已经出现了十分系统和科学的用水计量监控技术，它适用于从江河、湖泊和地下水取水的各类取水用户取水计量监测，采用智能水表、电磁流量计、超声波流量计等各种智能计量仪表，结合计算机、网络通信和传感开发的集成技术，对取水用户实行自动监控。该技术实现了实时在线监测、数据统计和查询、取水计划管理与控制，有利于促进水资源的可持续利用和节约用水。此外，针对区内 300 头以上的奶牛养殖户，还可以纳入大用户水表综合管理计划。参照市场上的大用户水表综合管理软件，设计一套针对奶牛养殖业的用水管理指标体系，对区内的中大型奶牛养殖场的水资源利用进行对比分析、综合管理。本研究拟设计了部分指标，具体见表 7.1。

表 7.1　奶牛养殖业用水户综合管理指标

一级指标	二级指标	监测内容	指标功能
用水环节	奶牛日常饮用	存栏头数、用水总量	该类指标主要分析不同用水环节的效率情况
	挤奶厅清洗	存栏头数、用水总量	
	饲料配制	存栏头数、用水总量	
	其他	存栏头数、用水总量	
每日用水量	9 点用水量及其水质	0：00－9：00 用水量及水质	该类指标主要分析不同时段的用水量及水质，为后期研究水资源使用、水质与时段的关系奠定基础
	14 点用水量、水质	9：00－14：00	
	19 点用水量、水质	14：00－19：00	
	24 点用水量、水质	19：00－24：00	

7.1.2　提高地表水的使用能力

通过对北京奶牛养殖业水资源的利用情况研究可知，地下水依赖程度高，88.4％的水资源来源渠道为地下水。而为了方便取用地下水，70.8％养殖场使用了压力储水罐。此外，湖泊河流等收集水仅占 4.4％。根据《中华人民共和国水法》第 24 条规定，在水资源短缺的地区，国家鼓励对雨水和微咸水的收集、开发和利用。作为严重缺水城市之一的北京，迫切需要提高对地表水的使用能力。

首先，需要了解北京地表水的发展规律。从地表水的主要来源即降水量上看，2000—2014年北京年降水量呈现出波动性增长的趋势（图7.2），年均降水量为484.63毫米，相当于1平方米平均约有0.48米深的降水量，换算成每日每亩地得到的降水约为863.04千克，约0.86立方米。若按居民水价5元/立方米计算，北京每日每亩地获得的降水市场价值为4.3元。以北京奶牛养殖业为例，根据调研数据汇总分析发现，降水量产生的市场价值不容忽视，平均1个养殖场每日收集到的降水约276.33立方米，相当于市场价值1 381.63元（表7.2）。

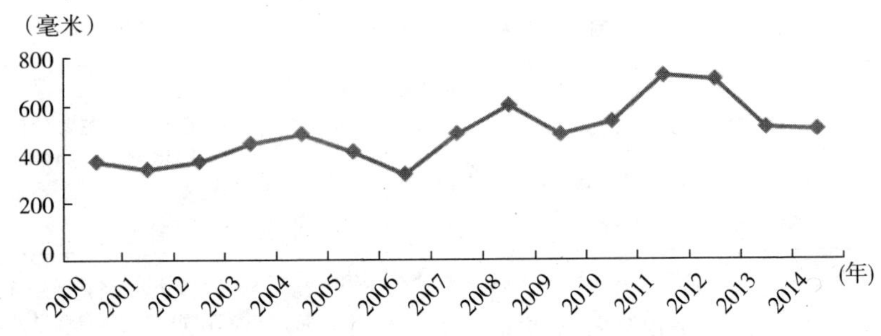

图7.2　2000—2014年北京年降水量变化情况

表7.2　北京奶牛养殖业每日降水量及其市场价值估算

项　目	单位	场区	牛舍建筑	运动场	养殖场总占地
养殖场面积	亩	114.17	109.27	93.1	321.31
每日降水量	立方米	98.19	93.97	80.07	276.33
降水市场价值	元	490.93	469.86	400.33	1 381.63

北京属于大陆性季风气候，夏季高温多雨，冬季寒冷干燥，春、秋短促。降水量集中在4～9月，约占降水量的90%，10月至翌年3月约占10%。利用地表水，需要抓住4～9月的降水丰富

期。利用地表水还需要收集养殖场及其附近的水文资料。根据养殖场所处的地理条件、降水条件、面积和资金等条件，具体设计适合的地表水收集方案。

7.1.3 加大节水设备投入力度

调查发现，北京奶牛养殖场用水设备平均为 14.74 万元，仅占固定资产总投入的 1.14%。在用水量最大的环节，即牛群日常饮用水上，仅有约 10%的养殖场使用了全自动饮水器和自制自动饮水机。其他 90%的养殖场使用的是水槽饮水，虽然也能实现自动补水，但与球状全自动饮水器相比，在水的清洁度和保湿保温的能力上都逊色不少。在条件允许的情况下，养殖场应该增加对节水设备的投入。

规模养殖场粪污治理设施实现全覆盖，改造提升规模养殖场自动清粪、粪污收集处理、污染物资源化利用等设施设备，实施粪污分离、自动化干清、粪污管理、污水治理、提高治污设施运行效率。重点开展粪便无害化处理与快速发酵、有机肥加工、污水资源化利用等，降低化学需氧量、生物需氧量的含量，采用与牧林结合、牧粮结合和牧菜结合 3 种模式实现资源化利用。

2016 年 1 月 6 日，水利部、中国农业发展银行联合印发《关于用好抵押补充贷款资金支持水利建设的通知》。这是继 2015 年重大水利工程专项过桥贷款政策后金融支持水利建设的又一重大政策，使用抵押补充贷款资金项目的贷款利率远低于市场利率，近期执行利率较中长期贷款基准利率低 15%以上，从而有效降低融资成本，更好地支持水利工程建设提速。抵押补充贷款资金的使用范围，除可继续用于国务院确定的 172 项节水供水重大水利工程专项过桥贷款外，还包括重大水利工程、江河治理、枢纽水源工程、抗旱应急水源建设、病险水库（水闸）除险加固、海堤建设、中小河流治理、江河湖库水系连通、农村饮水安全、农田水利设施、灌区建设与节水改造、高效节水灌溉、水土保持、农村水电、合同节水，以及水生态文明、国土江河综合整治、“海绵城市”等项目中的水利工程建设，并积极加大对京津冀协同发展、“一带一路”、长江经济带等国家重大发展战略规划中有关水利建设的支持力度。虽然文件中并没有明确指出对奶牛养殖业水利工程的支持，但是明确提到了农村水电、农田水利工程、节水改造、合同节水等内容。本研究认为奶牛养殖户可以以这些内容为突破口，申请国家政策对其改善节水设备的贷款支持。为了提高贷款的成功率和落实好贷款的资金用途，各区的水务局和畜牧站也可以对奶牛养殖户集中进行贷款申请指导和资金使用情况监督，确保养殖户将贷款资金切实用在养殖场的节水设备升级上。

7.1.4 发展中规模养殖场技术

通过前面对 2003—2013 年北京规模奶牛养殖业综合技术效率 TE 和全要素生产指数 TFP 指数的分析，发现中规模奶牛养殖场这两项指标总体上都小于大规模养殖场，分别小 0.043 和 0.009。再深入对比其纯技术效率 PTE、规模效率 SE 和技术进步指数 techch，发现中规模奶牛养殖场分别比大规模奶牛养殖场少 0.01、0.033 和 0.009，综合效率改善指数二者均为 1。可见，北京的大规模奶牛养殖场在技术进步上领先于中规模奶牛养殖场，即存栏规模在 500 头以上（不包括 500 头）的奶牛养殖场的技术水平领先于存栏规模在 50～500 头（包括 500 头）奶牛养殖场。然而，在北京 50～500 头的奶牛养殖场的数目不容忽视，为了提高北京整体的奶牛养殖水平，必须重视对中规模奶牛养殖场的技术投入，不断缩小与大规模养殖场的技术差异。

过去为了实现奶业的快速增长，发挥规模效应，政策扶植更倾斜于大规模奶牛养殖场，许多技术也多被大规模奶牛养殖场采用。现在应该将更多政策红利给予中规模奶牛养殖场。此外，除了政策、资金支持力度向中规模奶牛养殖场转移以外，政府或相关单位还可以鼓励走在前面、发展较好的大规奶牛模养殖场将更多技术经验分享给中规模奶牛养殖场，搭建二者沟通交流学习的平台。

7.1.5　增强技术培训以及投资

以区为分组依据，对北京奶牛养殖业水资源利用绩效进行分析。研究结果表明，延庆区、房山区和密云区的奶牛养殖业水资源利用综合技术效率 TE 和全要素生产指数 TFP 相对落后于其他区。具体分析其综合效率改善指数和技术进步指数，发现全要素生产指数 TFP 较低的主要原因是技术进步指数较低，分别为 0.785、0.961 和 0.944，分别比区平均水平低 0.272、0.096 和 0.113。这 3 个区都属于远郊区，其中房山区属于城市发展新区，延庆区和密云区属于生态涵养发展新区。无论是从城市发展定位上看，还是从房山区、密云区和延庆区的奶牛存栏总数占北京市的比重上看（分别占 9.74%、13.04%和 11.67%），加强对这 3 个区的奶牛养殖业技术培训和资金投入都是十分必要的（图 7.3）。

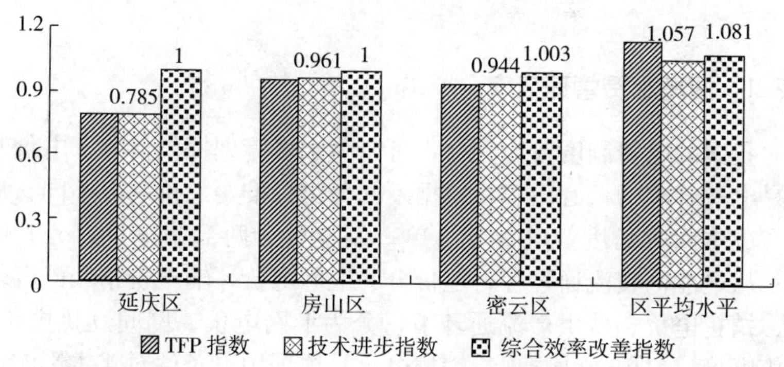

图 7.3　北京市延庆区、房山区、密云区奶牛养殖场的 TFP 指数、技术进步指数、综合效率改善指数与区平均水平的比较

为了使技术培训和资金投入发挥的效用最大化，可以借鉴三元绿荷奶牛养殖中心的管理模式，即以奶业集约化、现代化、标准化、网络化和智能化管理为内容的先进管理经验，加大对区规模养殖场的培训工作，对这些区在奶牛养殖中存在的共性问题采取统一培训，对区域性问题采取地域性培训，对个别牛场的问题采取登门讲解和技术培训。

7.2 完善管理办法

在政策法规制定方面，考虑我国自然条件差异较大，对原则做出明确规定，具体执行办法由各地政府在总原则的框架内，结合实际情况，制定具有操作性的准则。例如，对大中规模养殖场选址按一定标准严格规划，包括与水源距离、与居住区的距离、风向、当地种植业对肥料的需求等；新建养殖场需取得许可；是否有具体合理的粪便处理方案，将粪便供给种植业，形成有机循环；推广干清粪工艺，规定统一排放量，降低排放量；严格规定排放标准，超标排放需征收费用；提供技术补贴，改造主要节水技术。

7.2.1 提高水费管理效率

我国的电费制度较为完善，可以为水费管理提供借鉴。电价制度是电费管理的核心内容，根据不同分类标准，电价制度不同。从电力成本回收角度，电价分为单一制电价、两部制电价、分时电价；从电能消费流通过程，电价分为上网电价、输电价格和配电价格、销售电价；从生产流通环节，分为上网电价、网间互供电价、销售电价。目前，我国现行销售电价是根据用电条件对成本影响进行划分，分别为居民生活用电电价、非居民照明用电电价、商业电价、非工业用电电价、普通工业用电电价、大工业用电电价、农业生产用电电价、趸售电价。总体上，电价管理遵循“统一领导，分级管理”的原则，电价制定上坚持公平负担，有效调节电力需求，兼顾公共政策目标，并建立与上网价联动的原则。在电费计量上，已经形成了一套全面而精准的计量方法，能满足不同行业、不同阶段特点的要求。电费主要由基本电费、利率调整电费和电度电费组成。其中，基本电费计算首先是以变压器为载体，计算计费容量；其次是电度电费、结算电费，其中涉及变损计算的方法主要有公式法、定比计算法和定量计算法。电度电费分为目录电费和附加电费。其中，目录电费计算是依据用电客户的结算电量及该部分电量所对应的目录电度电价执行标准计算出来的电费，不包含代征电费。

与电明显的社会属性相比，水资源作为公共产品，其自然属性更突出，水费管理就相对复杂。根据《中华人民共和国水法》规定，水资源属于国家所有，农村集体经济组织的水塘和由农村集体经济组织修建管理的水库中的水，归该农村集体经济组织使用；国家对水资源依法实行取水许可制度和有偿使用制度。我国农业用水政策经历了 3 个阶段，1949—1984 年，实行公益性无偿供水政策；1985—1996 年，依据《水利工程水费核定、计收和管理办法》，确定了水利工程供水的商品属性，实现了水利工程从无偿供水向有偿供水的转变，水价政策走向法制化和规范化轨道，实行供水成本核算、计收水费；1997 年至今，陆续出台《水利产品政策》、《改革水价促进节约用水的指导意见的通知》、《水利工程供水价格管理办法》等政策性文件。现行的水价管理依据为《水利工程供水价格管理办法》，其规定水价采用统一政策、分级管理方式，按照补偿成本、合理收益、优质优价、公平负担原则，根据供水成本、费用及市场供求的变化情况适时调整。实行分类定价，按供水对象分为农业用水价格和非农业用水价格。其中，农业用水的核定办法是按补偿供水生产成本、费用的原则核定，不计利润和税金，逐步推行基本水价和计量水价相结合的两部制水价。而基本水价指按补偿供水直接工资、管理费用和50%的折旧费、修理费的原则核定，计量水价指按补偿基本水价以外的水资源费、材料费等其他成本、费用以及计入规定利润和税金的原则核定。此外，各类用水均应实行定额管理，超定额用水实行累进加价，供水水源受季节影响较大的水利工程，供水价格可实行丰枯季节水价或季节浮动价格。

可见，水费管理与电费管理制度既有联系又有区别。二者都采用了统一政策、分级管理的原则，实行分类定价。但是，电费在计量方法上十分规范而全面，实用性广、操作性强；而水费的计量方法相对不健全，尤其是农业用水，缺乏科学标准。北京市至今没有出台针对本市的水利工程水费收缴使用和管理办法，而安徽省于1995年就通过政府令出台了《安徽省水利工程水费收缴使用和管理办法》，对粮食作物、经济作物、灌溉渠水费分别设置了水费标准。北京市政府应该重视对本辖区的水利工程水费收缴使用和管理办法，从制度上提供保障。水费管理效率的提高，关键是要明晰不同行业的计量计价标准，建立一套可操作性强的水量计量计价标准。而计量计价标准的设定需要全面而细致的调查研究，需要多部门的协调合作。

本研究在调查了48家示范奶牛养殖场的基础上，对奶牛养殖业水费征收标准进行了初步设计。考虑到奶业是需要政府扶持的弱势行业，又是高耗水行业，在向市场水价转变前，可以设立一个基础值，只有养殖场用用水超过了该基础用水值后，才征收市场水费。因此，本研究以头均日用水量为基础单位，建立一个科学的浮动用水参照标准，反映不同养殖规模的用水基础值（表7.3）。因为受到自身能力、资源、经费等的限制，存在不少缺陷，且该标准也还有待实践验证，故其主要意义还是在于抛砖引玉，吸引更多学者进行进一步的研究。

表 7.3 北京奶牛养殖业浮动用水参照标准

养殖场规模	用水基础值（立方米/月）	市场折算率（%）	免水费基础值（立方米/月）
1～99 头	145	12	17
100～300 头	441	12	53
301～500 头	734	12	88
501～700 头	1 028	12	123
701 头以上	1 029	12	124

数据说明：1. 用水基础值＝奶牛头数中间值×48.95 千克×30 天/1000 千克。其中，48.95 千克表示头均奶牛每日用水量，为前文研究所得结果。2. 市场折算率＝每月上缴水费/实际水成本×100，12%表示北京奶牛养殖平均的市场折算率，为前文研究结果。3. 免水费基础值＝用水基础值×市场折算率，表示当养殖场用水实际需要缴纳的水费在扣除该值的基础上，按北京市居民用水阶级水价计算。

7.2.2 发展适度规模养殖

改造现有规模化养殖场，提升生产水平和效益。通过前文的分析结果可知，奶牛存栏头数并不是越多越好，在超过一定范围后，会呈现出收益递减的规律。并且通过对北京奶牛养殖业的发展现状分析，也发现北京政府对奶牛养殖业在有目的、有计划地调整和控制养殖规模。而在水资源利用方面，也发现501～700 头奶牛养殖场水资源综合利用效率 TE 最高，为 0.968，比 701 头以上奶牛养殖场高 0.135；从成本上看，501～700 头奶牛养殖场 50 千克原料奶的用水量是 109.79 千克，比 701 头以上养殖场节约用水 46.52 千克；从收入上看，501～700 头奶牛养殖场 50 千克水的产奶量为 23 千克，比 701 头以上养殖场多产奶 7 千克。所以，鼓励发展 700 头及以下规模的养殖场，养殖场的奶牛存栏头数应该与其所拥有的土地面积、资源承载力、资金、技术和管理等相适应，发展适度规模养殖场。

从第五章对不同养殖规模的水资源利用经济效益分析，不难发现100～300头奶牛养殖场和301～500头养殖场的水资源利用综合技术效率TE、50千克原料奶的用水量上、50千克原料奶的水成本等指标上，差异都不大。且研究结果也不比701头奶牛养殖场好，为什么本研究仍然重视和鼓励发展100～500头的奶牛养殖场，而反对发展701头以上奶牛养殖场呢？因为使用数据包络经典模型BCC模型对其进行分析，发现100～300头奶牛养殖场和301～500头奶牛养殖场的纯技术效率分别是0.863、0.831，规模效率分别是0.920、0.954，说明其在技术和规模方面都有较大潜力。而501～700头奶牛养殖场和701头以上奶牛养殖场的纯技术效率均为1，达到有效，规模效率分别为0.968和0.833。说明701头以上奶牛养殖场的规模效率在技术有效的前提下，是规模递减的。

盘活存量，重点改造节水及饲养设施设备、建设高效集雨设施及雨污分离设施；推广高效节水技术，规模养殖场实现节水、循环、健康养殖。引导未达到规模生产、不符合相关发展规划的散户养殖有序退出，逐步消除“小散乱差”养殖业态。采用龙头企业、专业合作社带动、吸纳养殖专业户的模式，引导养殖专业户实现标准化规模养殖，形成“公司＋合作社＋农户”的产业化生产经营体系。

综上所述，在因地制宜、因材施教地发展适度规模的同时，还要不断提高规模化管理水平。规模化管理水平的提高除了生产技术现代化以外，关键还是管理人才的培养，如何培养现代化的牧场主，如何利用网络技术带来的快捷资料共享平台是提高规模化管理水平必须面对的问题。目前，我国奶业在人才培养方面已经做了很多尝试，取得了不少成果。例如，内蒙古大学开设了中国乳业领军人才高级管理人员工商管理硕士点，中国农业大学开设了现代奶牛场高级人才研修班，国家奶牛产业技术网和中国奶业协会成为国际国内奶业最新政策、市场信息的传播平台。此外，北京登记在册的奶业组织机构有19个、奶牛创新团队团队1个，这些平台和机构的设置，都是提高奶牛养殖业规模化管理水平的重要内容。

7.2.3 优化资金投入组合

通过分析北京 43 个示范奶牛养殖场的水资源利用效率，发现 72.09%的奶牛养殖场属于水资源利用非有效。其中，存在饲料投入冗长、劳动力投入冗长和运营投入冗长的养殖场分别占到 60.47%、34.88%和 51.16%，而且 DEA 相对有效面投影比例的均值为 71%。这都说明示范牛场的水资源利用绩效改善空间较大，需要优化水资源利用 DEA 非有效奶牛养殖场的资金投入组合。

奶牛养殖业属于高投入的行业，其资金投入主要包括饲料投入、劳动力投入和运营投入（管理费用和固定资产折旧）等，而饲料投入占到完全成本的 60%以上，饲料费用的高低直接影响了经济效益。因此，优化水资源利用 DEA 非有效奶牛养殖场的资金组合最关键的是要降低饲料成本。张学炜、李德林（2014）认为，可以从以下 4 个方面着手：第一，利用软件科学评估饲料性价比，选择使用性价比高的饲料；第二，严格执行奶牛各阶段饲料标准；第三，由专业营养师设计日粮配方；第四，根据精料类、青贮类和干草类的特点，科学存储饲料，减少饲料浪费。

从劳动力投入看，奶牛养殖业属于劳动密集型行业，虽然北京奶牛养殖业 100%实现了机械化挤奶，但养殖场的运营还是十分需要养殖管理人员、技术人员。王之盛（2009）认为，以 250 头规模奶牛场为例，需员工 24 人，分别为厂长、副厂长各 1 人，生产主管 1 人，人工授精员 1 人，配方师 1 人，兽医 1 人，饲养员 2 人，挤奶工 3 人，接产员 1 人，饲料加工及运送 2 人，夜班 1 人，机修员 1 人，仓库管理员 1 人，锅炉工 1 人，清洁工 2 人，保安 1 人，购销员 1 人，会计和出纳各 1 人。但是在现实中，奶牛养殖场往往招人困难，且稳定性不足。因此，为了吸引和留住人才，劳动力方面的投入是必需的，但是要提高工作人员的工作效率，可以适当增加对工作人员的培训投资。

运营费用主要指每月产生的固定资产折旧和管理费用。本研究以区为分组依据，以运营投入为单位1，对北京43家示范奶牛养殖场每月运营费用、饲料投入、劳动力投入等进行资金比例分析。研究发现，饲料投入资金比例最大，运营投入与劳动力投入相差不大，饲料投入基本是运营投入的5～35倍。再联系各区的水资源利用效率可知，大兴区、丰台区、海淀区、顺义区、通州区的水资源利用绩效发展较好。进行综合分析后，本研究认为营运投入、饲料投入和劳动力投入的比值保持在1∶6∶1～1∶12∶2比较合理（表7.4）。

表7.4 北京奶牛养殖业各区资金投入组合分析

各区	运营投入∶饲料投入∶劳动力投入
昌平区	1∶30.2∶3.5
大兴区	1∶9.8∶1
房山区	1∶9.8∶1.4
丰台区	1∶4.6∶0.8
海淀区	1∶5∶0.8
密云区	1∶15.6∶1.7
顺义区	1∶26.8∶1.8
通州区	1∶32.1∶2.6
延庆区	1∶13.3∶1.6
总体	1∶15.2∶1.6

数据说明：根据调研数据整理所得。

7.2.4 加快水费制度改革

进行水费征收制度改革，是一项光荣的任务。它对奶牛养殖业水资源的可持续发展、节约用水都起到较好的促进作用。通过前文的分析发现，北京奶牛养殖业的水费收取比较混乱，一方面，因为缺乏科学完善的用水记录，从而不利于征收水费；另一方面，政府考虑到奶牛养殖业的重要性及其投入成本大、回收期长的特殊性，对水资源使用上的管理比较松弛。然而，随着北京发展的需要和严重缺水的现实条件，政府必须重视对奶牛养殖业水资源的管理，进行水费征收制度改革，既保证北京奶牛养殖业的平稳发展，又保证水资源的可持续发展、体现水资源的市场价值。

这项任务将十分艰巨，会受到养殖户较大的阻力。依据调查数据显示，76.3%的养殖场不打算申请自备井置换市政供水管网（该计划实施有利于监测水资源的使用情况），主要原因是担心用水成本提高，使本来在奶业不景气的环境下已经陷入维持困难的养殖经营雪上加霜。对于征收水费改善用水效率的举措，仅有 32.5%的养殖场认为有明显或一定效果，而有 50%的养殖场认为会影响奶牛积极性，17.5%的养殖场认为没有效果或效果不明显。而且在对提高用水效率的建议上，有近 40%的养殖场认为不交水费有利于提高用水效率。

因此，在推进奶牛养殖业水费征收制度改革时，一方面，要谨慎推进，如果盲目追求速度、一刀切，会挫败养殖户的积极性，影响奶业发展。另一方面，要深入完善调查，实验设计和验证，不断确保水费征收制度既能提高水资源利用效率，从而改善地下水过度使用的现状，又能使水费征收制度“取之于民、用之于民”。

据调查，北京郊区的水费征收一般由农民用水协会负责征收。目前，北京市共成立 125 个农民用水协会、3 927 个村分会，组建 1.08 万名管水员队伍。农民用水协会承担了农村水务绝大部分事物，包括机井管理、用水计量、水利设施及河道管护、农村水务突发事件报告和处理、水源保护及节水管理和水费征收等。自成立以来，对农村用水工作起到了重要作用，提高了用水安全和节水效果，但是与国外用水协会相比，还有很大差距。尤其是农民用水协会普遍缺乏稳定的收入来源，郊区农业用水几乎全部免费，生活用水成本远远低于供水成本，水费收取困难。其次，协会负责人多是由村镇行政领导兼任，协会管理往往放在从属地位。此外，一些村干部为了拉选票，迎合村民“大锅水”、“福利水”观念，承诺生活用水免费，这都影响了用水协会作用的发挥。要加快奶牛养殖业水费制度改革，其中关键的部分除了前文提到的养殖业浮动用水参照标准和水费征收办法以外，还有征收水费单位的农民用水协会，只有将上缴的水费钱管理好，真正落实“取之于民、用之于民”，才能长久地获得奶农的支持。因此，将水费征收的用途公开化、信息化、利民化也应该成为水费征收制度改革的应有之义，农民用水协会应该不断提高自身管理水平，提高与村民沟通的能力。

前文已经深入分析奶牛养殖业水资源利用的经济效益，研究结果表明，奶牛养殖场水资源每月损失的市场价值分别达到其实际价值的80.96%、94.81%、78.95%和97.36%。这说明建立新型奶牛养殖业水资源收费制度，还必须从市场角度出发，合理彰显水资源的市场价值。本研究在综合考虑水费征收的设立标准、征收单位、市场价值等前期调查结果，以及对节约用水养殖户的激励手段和对过度用水养殖户的惩罚手段，建立了新型的奶牛养殖业水资源收费制度（表7.5）。

表7.5 新型北京奶牛养殖业水资源收费制度

养殖场规模	免水费基础（立方米）	用户用水量（立方米）	水价（元/立方米）	计价方法	奖惩办法
1～99头奶牛 100～300头 301～500头 501～700头 701头以上	17 53 88 123 124	0～ 180（含） 181～ 260（含） 261以上	5 7 9	养殖户上缴水费，为用水量×水价，用水量的计算首先根据规模减去对应的免费用水量，再根据剩余用水量所处的区间，对应收取水费。例如，存栏头数245头，用水450立方米，则当月水费＝(450－53－261)×9＋80×7＋180×5＝2 684元	牛场每月用水上限(单位立方米)＝48.95×(存栏头数＋1)×30/1000，48.95千克为研究所得，表示每日每头奶牛用水量；当养殖场每月用水量少于上限的10%，则水费九折优惠；低于20%，八折优惠，以此类推；若超出上限10%，则多交10%水费，以此类推

7.3 健全法规内容

由于我国幅员辽阔，各地自然条件差异较大，因此，全国性的相关规定宜粗不宜细，重点落在原则的制定上，具体规定应当由省级部门结合当地实际情况，在全国性法规的框架内，制定出操作性很强的细则。在政策法规制定方面，重点加强以下几个方面：一是严格大中型畜牧场的选点规划。应制定一些标准，如距离水源和居住区的距离、长年风向、当地种植业对肥料的需求等。规划出可以建立新的养殖场或者养殖小区的区域位置。二是新建养殖场必须要取得许可之后，方能开始建设。三是新建养殖场，除了需要进行环境评估之外，还要有具体的粪肥处理方案。鼓励养殖场与种植业部门和农户建立较为固定的粪肥利用关系，通过有机循环的方法，实现种养业养分的平衡。四是强制性推行干清粪工艺，对于冲刷性清粪工艺要限期改造。从政策层面上，只要实行统一的排放数量标准，就必然会促进养殖场调整清粪方式。五是严格排放标准。对于达标排放的不应征收排放费。对于超标准排放的，除了限期治理之外，要严格征收超标排放费，用于治理。六是对于有利于环境保护尤其是水资源保护的技术改造，可提供一定的技术改造补贴。

在政策方面，既要加强有关法律法规的制定，也要加强执行。加强区级环保部门的职责，加强人员培训，制定监督责任和制度，提供必要检测手段和经费。

8 国内外水资源管理办法

北京奶牛养殖业水资源利用绩效的研究主要集中在第三章至第七章，通过层层深入的分析，发现了改善北京奶牛养殖业水资源利用绩效的几个关键环节，分别是水费制度、农民用水协会、畜牧业用水量与市场价值对接的转化方式。本章主要针对这3个环节，通过查阅国内外文献，对其水资源管理办法进行阐述，并联系奶牛养殖业的特点，进行借鉴学习，以期对后期的奶牛养殖业水资源利用研究打开新的视角。

8.1 国外水资源管理经验

8.1.1 美国水资源管理

美国水资源管理系统包括地表水和地下水两个方面的内容，地表水管理是更复杂的。在西方，一半以上的国家不承认岸边权原理，而是根据优先原则而建立的水权制度。甚至在某种程度上，承认岸边权等一般原则，但是会对该权利进行权利限制，使优先权占据主导地位的水权制度。水资源优先权和岸边权同时存在使管理工作变得更加复杂。美国水资源开发和管理依法通过国会制定法律。水资源的开发利用和管理由三级负责（联邦政府机构、政府机构和地方机构）。这种管理系统在各级政府部门的帮助下行政职权。国家机构的行政职能，包括负责协调与水污染控制、水资源规划管理，制定综合管理目标和方针、政策、法规和标准。州和地方行政部门负责全国总目标的实现与州和地方具体指标。

美国的水价政策主要是由美国从事地表水和地下水的采集与销售的机构影响。有联邦政府机构和当地水机构、私人公司和企业。但是，国家没有统一的价格审查批准机关，水价完全由市场调节。这些机构根据各自的决策，水价格和水费用等级种类繁多、差异很大。如加利福尼亚州在给供水工程做规划时，州长可对费用分配和水电定价政策做调整。

美国关于水价制定的研究很多，研究表明，采用几种定价机制有一个对服务成本、机会成本的价格承受能力，定价增量考虑成本定价和市场定价。政府监管机构不能盈利，也不要亏损。所以，水价制定以没有利润为原则，但确保水利工程投资回收和工程运行维护、管理、升级所需的支出。根据水价理论，所有的水一般为免费资源，用户储存再生水，传输和处理成本确定水价的调整。因为水的存在包含法律的本质水权、水供应、开发人员的开发成本，并没有正式的框架成本。水是免费的，但那些水资源基础设施需要投资。

8.1.2 日本水资源管理

政府在水资源管理中的重要作用。日本政府主要制定水资源开发和环境保护的总体规划。综合性的规划《国家水资源综合规划》和《环境基本规划》是日本政府的水资源管理的集中体现。《国家水资源综合规划》是一个多年规划，阐述了与水资源开发、保护和利用有关的中长期规划问题，同时预测了全国长期的水需求。《环境基本规划》是阐明与水质和水量（包括水资源保护）有关的长期、综合性的环境政策。除制定上述规划外，日本还有一系列其他配套政策。如对公用水和地下水做出标准规范。还出台了有关生化需氧量（BOD）、化学需氧量（COD）、溶解氧（DO）的环境质量标准；为了防止富营养化，还针对湖泊/水库、海洋/沿海区中的氮和磷水平，制定了环境质量标准。

从日本政府提供的资金来看，主要用于新的水资源开发和保护设施的建设以及现有设施的运营、维护和管理。其中，新的水资源开发和保护设施的建设所占资金的大部分。日本中央政府将大部分预算用于水利基础设施建设投资上，其中所投资基础设施所占比重要大于50%以上。污水设施建设仍是日本的短板。用水基础设施建设中，涉及农业部分的中央政府扶持力度要更大一些，占到总工程预算的2/3左右。地方政府的资金来源主要是中央政府除直接承担相应比例的成本之外，还通过提供低息贷款、购买市政债券等方式，帮助地方政府支付它们分摊的成本。对于现有设施的运营、维护和管理，政府的财政支持集中于防洪设施和农业用水设施。

在中央政府，有5个部门涉及水资源管理，它们是国土交通省、环境省、厚生劳动省（其职能相当于我国的国家卫生和计划生育委员会与人力资源和社会保障部）、经济产业省、农林水产省。5个部门之间既有分工又有合作。就是说，它们分别承担着与各自领域相关的不同具体职能；5个部门承担的相应具体职责见表8.1。

表8.1 日本政府水资源管理部门职能

部门	职责	具体职能
国土交通省	主要负责总体规划和水资源开发	具体包括：①制定综合性的水资源政策；②水资源开发、河流设施的维护与管理；③河水的利用与保护；④污水设施的建设和管理。此外，还要对负责水资源开发设施建设、运营、维护和管理的日本水资源机构进行监管
环境省	主要负责与水有关的环境管理	具体包括：①制定有关水资源保护的指导原则、政策和规划；②水污染检测；③地面下沉检测；④制定环境质量标准
厚生劳动省	主要负责与生活用水供给有关的事务	具体包括：①生活用水供给单位的监督；②对生活用水供给设施的规制。此外，还要对负责运营、维护和管理城市水务单位和设施的地方政府机构进行监管

（续）

部　门	职　　责	具体职能
经济产业省	主要负责与工业用水供给有关的事务	具体包括：①工业用水供给单位的监督；②对工业用水供给设施的规制。此外，与厚生劳动省一样，还要对负责运营、维护和管理城市水务单位和设施的地方政府机构进行监管
农林水产省	主要负责与农业用水供给有关的事务	具体包括：①农业用水的规划；②为保护水资源而对森林进行保护

数据来源：世界银行中国水战略研究项目“解决中国水稀缺问题：从研究到行动”的国际经验系列报告。

日本在水资源管理方面采用了多种不同的政策手段。这些政策手段可分为两大类，即经济手段和行政手段。其中，农业用水采用的是定额收费制，即对每单位灌溉面积按统一固定的标准收费。由于不是根据用水量计费，在单位面积的土地上使用过多的水并不需要支付更高的费用，这可能导致农业过度用水。不过，对于每一个土地改良区，政府分配的水权是有限的，因而过度用水也是有控制的。

实践证明，日本基于国情开展的水资源管理在总体上还是比较有效的，所采取的一些做法可以为其他国家提供借鉴和参考。但是，值得指出的是，日本的有些做法在别的国家可能并不适用。

8.1.3　新加坡水资源管理

新加坡是个城市国家，面积为680平方公里，人口达400万人，工业、商业和金融服务业很发达。作为一个高度城市化但没有自然资源的国家，新加坡面临着严重的水资源短缺问题。它的需水量大约为每日140万立方米，但国内资源只能满足50%。水资源管理对于国家经济发展和公众社会生活十分重要，成为了一个战略性的重要问题。

新加坡有非常全面的水治理政策体系。政府通过法规和行政手段对水资源使用进行干预。具体内容见表8.2。

表 8.2　新加坡相关法律法规

法律法规	主要内容
环境污染控制法（2002）	该法针对排放到废水处理设施和水道的液体物质，建立了污染物限值，具体指标包括温度、BOD、COD、总悬浮固体、总溶解固体、pH 和 28 种不同化学品成分
环境公共健康（有毒工业废物）条例	该系列列出了一些有毒工业废物，这些废物受到特别的法律控制
废水和排水系统法（2001）	该法指定公共事业局负责与排水系统有关的事务
公共设施法（2002）	该法规定了公共事业局的职责
公共设施（供水）条例	该条例要求在新加坡强制使用水表和节水器具。规定“除非得到供水委员会的同意，不使用水表不得供水”
公共设施（中心集水区和集水区公园）条例	该条例规定对于“从任何水库和河流取水”必须获得事先批准

数据来源：世界银行中国水战略研究项目“解决中国水稀缺问题：从研究到行动”的国际经验系列报告。

值得指出的是，新加坡在节水技术使用方面尤为突出。如在全岛严格实施 100％安装水表以及安装节水设备（诸如节水马桶和自来水龙头）等方面的法规，还实施了水审计，以确保水的高效利用。此外，还通过一个修复计划减少水的渗漏，渗漏率从原先的 11.2％降到 6.2％，是世界最低的。例如，膜技术已经在一些水厂应用。在完成了试验规模的实验后，一个生产回用水的示范性全尺度膜生物反应器项目正在建设之中，它的设计能力是每天 2.3 万立方米，是亚洲目前最大的。深沟废水处理系统，这个系统包括两个贯穿全岛的地下管道和两个新的大型污水处理厂，两个污水处理厂分别位于岛的东部和西部。这个地下管道从现有的废水系统和沟渠中截留废水，输入污水处理厂。这个厂的出水将通过排放管道，排放到新加坡海峡。当这个系统完成后，它代替现有的废水处理设施（污水处理厂和泵站）。地下管道废水系统的第一期处理每天 80 万立方米的污水，最终可能扩充到每天 240 万立方米。

8.1.4 俄罗斯水资源管理

俄罗斯是水资源大国，在水资源的管理上经验丰富。1995 年通过并颁布的《俄罗斯联邦水法典》，为该国征收水资源费提供了法律依据。2005 年《俄罗斯联邦税法》规定，停止征收水资源费，变更为征收水资源税，现行的水资源税主要为地下水资源税、开采地下水矿物原料基地再生产税、工业企业从水利系统取水税和向水资源设施排放污染物税。水资源税的课征范围较广，涉及地下水资源开采、销售地下水初级产品、企业和居民用水、向水体排放污染物等诸多环节；其计税依据主要有从量定额和从价定率。其中，地下水资源税采用从量定额方式，以实际开采数量为计税依据，充分考虑销售价格及超定额开采损失确定单位税额。而我国的地下水在地下水销售价格即超定额开采损失方面的研究还比较缺乏，这是未来水费改革需要注意的地方之一。

《俄罗斯联邦水法典》对水资源 4 个税税款的分配与使用均明确专门用途，强调用于水资源开发、管理以及污染的防治方面。其中，地下水资源税收入的 40%纳入联邦预算，另 60%部分列入联邦主体预算；开采地下水矿物原料基地再生产税的收入，由联邦、联邦主体和企业三方共享，其中留归企业部分主要作为企业地质勘探经费；工业企业从水利系统取水获取的收入用于特殊用途用水开采且不纳入预算；向水资源设施排放污染物取得的收入按 1∶3∶6 分配给联邦、联邦主体及地方政府，且规定该收入 80%必须投入水体恢复与保护活动中。

8.1.5 荷兰水资源管理

荷兰是水资源比较丰富的国家，人均水资源量约为 5 425 立方米，而北京人均水资源量仅为 118.6 立方米，约为北京的 46 倍。尽管如此，荷兰政府还是非常重视对水资源的利用和保护，目前实行的水资源税费政策有地表水污染费和地下水税。1981年，通过了《地下水法案》，但地下水税起征于1995年。该法案规定仅对工业生产和居民生活直接取用地下水征税，对取用地表水则不收取任何税费。这与该国地下水资源相当丰富，整个国家70%以上生产和生活用水来自地下水，且地表水开采成本较低的国情有关。在征收方式上，采用从量定额计征，且全国实行统一单位税额。荷兰的水资源税税款收入，主要用于地下水的研究、管理和成本补偿等方面的支出和水污染防治。此外，还有明确的地下水税减免税事项，例如，取用地下水制成的饮料且采用环保包装的企业、使用地下水冷却或供热后全部回排的企业，可申请税费减免，对农业试验或灌溉、生态环保等取用地下水免税。根据国情设置水资源税征收项目和标准以及对地下水设置减免标准，这都是我国水资源税费改革可以借鉴学习之处。

8.1.6 巴西水资源管理

巴西是自然资源丰富，尤其是水资源丰富的重要发展中国家，它拥有世界12%的淡水，人均淡水拥有量2.9万立方米。尽管如此，巴西也很重视对水资源的利益和保护。1997年通过并颁布了《水法》，明确了水资源管理原则、水资源管理政策工具和实施管理的体制框架，特别指出了水资源是稀缺资源的管理原则，认为水资源具有经济价值且是有限的，政府应该通过税收调节水资源的利用配制。巴西还把河流流域作为国土单位，以流域管理为主，意味着水资源管理权力的下放。此外，《水法》还规定应确保每一个流域水资源费的92.5%投入本流域水资源治理与保护，7.5%用于水资源工程与行动项目、研究课题及管理机构经费支出等。

可见，水资源管理较好的国家都坚持了水资源税专款专用，我国也应该如此，将水资源税税款纳入财政预算，设立专门的水资源治理基金，用于水资源保护与开发技术研究、节水工程建设、水资源可持续发展政策等方面的研究、实验，规定水资源有偿使用税专门用于该地区水资源的研究、补偿和保护，水污染税专门用于水污染的防治，充分体现“专款专用”的性质，符合生态补偿制度的精神。

8.2 国外水资源政策效果评价

对国外水资源政策效果评价之前，首先得厘清水费、水资源费的概念。水费是指使用供水工程供应的水单位和个人，按照规定向供水单位缴纳的费用；水资源费是指对城市中直接从地下取水的单位，主要是为了是控制城市地下水的开采量。现在的水费中，实际包含了用水基本水费、城市附加费、水资源费、污水处理费、南水北调基金、水厂建设费、省专项费。全国各省水费的构成不完全相同，根据省市收费不同，构成不同。以北京为例，现行的水价主要包括水费、水资源费、污水处理费。本研究中所指的水价、水费改革均指广义上的水费，即包括了水费、水资源费和污水处理费。国外对水资源的分类标准、名称与我国不同，他们的水资源税是一个统称，不局限于地下水，区别与我国的水资源费。不过随着全球一体化进程的加快和我国国际地位的增强，我国在水资源方面的管理及专业用语都会逐渐与发达国家一致。

8.2.1 提高生态效益

国外水资源管理制度一定程度上增强了纳税人取水节水的意识。如荷兰，根据相关数据显示，地下水税费的征收提高了当地工业用水的利用率，减少了工业废水的排放，同时生活用水也明显降低。工业用水量与未征收水资源税相比，普遍降低8%左右，生活用水降低7%。同时，由于水资源管理配套措施的出台，荷兰企业排污动力变弱，水污染税显著遏制企业污水排放。

8.2.2 增加财政收入

国外水资源管理的出发点是征收水资源税以改善环境为首要目的，但客观上增加了财政收入。如德国年水污染税额在 20 亿马克以上，丹麦 3%的税收收入来自于与水资源、二氧化碳等有关的环境税收，荷兰与环境相关的税费收入呈逐年递增的趋势。这些国家将筹集的环保资金专款专用，全部用于环境改善，社会效益和生态效益十分明显。

8.2.3 社会效应显著提升

水资源费的开征在短期来看会增加企业成本，降低企业国际竞争力。但是长期来看，水资源消耗高、污染严重的企业的生产成本提高，促使这部分企业在生产过程中改进技术，如利用绿色的生产方式，采用清洁的替代能源。这在一定程度上又能提高企业的竞争力，有利于各国经济向生态效应的轨道发展。同时，短期内水资源费的征收使资源价格上涨但从长期来看，对企业投资具有正面意义。从居民消费角度来看，水资源税费的增收一定程度提高了水资源的价格，导致企业将成本转嫁给消费者，从而消费者寻找其他水资源利用高的产品进行替代，间接地改善了消费者的水消费习惯。

8.3 国内外农民用水协会经验

从 20 世纪 90 年代中期开始，在世界银行和国际灌溉组织的支持下，中国开始推行用水户参与灌溉管理的改革，在农田水利建设和管理事务上，政府鼓励和引导农民自愿组织起来，互助合作，承担直接受益的农村水利工程的建设、管理和维护责任。2005 年 10 月，中央政府发布了《关于加强农民用水协会建设的意见》，强调了加强农民用水协会建设的重要性。在政府的鼓励下，全国用水协会数量增长很快。根据官方统计，用水协会数量 2001 年为 1 000 多家，2005 年为 2 万多家，2008 年为 4 万家，2010 年达到 5.2 万多家。其中，北京在 2001 年 5 月开始实施“利用世界银行贷款发展节水灌溉项目”，成功引入了农民用水协会的管理模式，经过 2001—2005 年的试点建设，2006 年开始全面建设，目前已经培养出了一批先进的农民用水协会管理典型 100 多个，如循环水务典型、阶梯水价典型、先收费后补贴典型、集约化供水典型、安全保障典型和风险管理典型等。

农民用水协会发展至今，积累了不少经验，取得了不少成果，主要体现在以下几个方面。从人员结构上看，设置了管水员，主要职责是水源保护、水务设施管护、用水计量、水费征收和节水宣传等，每月由市政府给予每人 500 元补助，采用“日考勤、季考勤、年考评、两续用、定期培训”的培养模式；从服务职能上看，由单一农业灌溉管理转向统筹农村涉水事务的管理，如编制农村水务发展规划、用水计划、征收水费、节水技术培训和推广等；从制度建设上看，制定了工程管护、节约用水和水费征收使用等制度。国内一些学者通过实证研究，发现用水协会在提高农业产出、保障用水公平、解决水事纠纷、提高用水分配效率等方面有积极作用。但是，并不是所有地区的用水协会都适应当地需求，一些研究结果表明，引入用水协会并不必然伴随着有效性，它依赖一系列调节和环境，中国部分地区的用水协会表现出低效甚至流于形式。

总而言之，提倡用户参与管理，建立各种形式的用水协会组织被认为是符合未来水务管理的发展潮流。大多数工业化国家，如澳大利亚、日本、西班牙和美国等，都建有水务管理协会。我国也不例外，农民用水协会管理必将继续推进和发展，但是也应该看到，农民用水协会还需要一个长期的培育和发展过程。各级政府在推动用水协会改革的实践中不宜操之过急，更要避免依靠行政力量片面追求数量增长的做法，要耐心探索和创新符合当地实际的组织形式和运作模式。

8.4 国内外智库建设经验

我国已经将智库建设放置在战略高度。2015 年 1 月，中共中央办公厅、国务院办公厅印发了《关于加强中国特色新型智库建设的意见》，指出中国特色新型智库是党和政府科学民主依法决策的重要支撑，是国家治理体系和治理能力现代化的重要内容，是国家软实力的重要组成部分。确立了总体目标，到 2020 年，统筹推进党政部门、社会科学院、党校行政学院、高校、军队、科研院所和企业、社会智库协调发展，形成定位明晰、特色鲜明、规模适度、布局合理的中国特色新型智库体系，重点建设一批具有较大影响力和国际知名度的高端智库。

智库最早出现于第二次世界大战期间的美国，其主要功能是通过政策的咨询过程，影响舆论和公共政策。随着经济全球化的深入，智库作为一种新兴的知识密集型咨询服务业，相对稳定且独立于政治体制之外的社会力量，发挥越来越重要的作用，为决策者在处理社会、经济、科技、军事、外交和文化等问题上，提供理论依据、思想观点和策略建议。不同国家和地区其智库发展存在差异，总体上美国智库处于领先地位，现代性较强；欧洲智库侧重学术和党派研究，日本智库具有浓郁企业特色（表 8.3）。

表 8.3 美国、日本和英国的智库特点

项目	美国	日本	英国
结构	拥有全球最多且水平最高的智库，人员和预算规模庞大，主要分在华盛顿，50 个州均有智库	与政府有紧密联系的公共政策研究组织日益增长，关注地区内的经济、战略和安全	政府和政党附属的智库占主导，议会模式提供了与决策者更紧密的联系和流畅的交谈，缺乏多样性和公众参与

（续）

项目	美国	日本	英国
特点/关注点	广泛，较大的曝光度和影响力，有浓厚的政治色彩，思想多元化，现实性，独立性	以创新为灵魂，重视未来与现实的研究模式，重视政策研究，独立性不强	欧洲一体化、美欧关系、对公共政策施加影响，资金来自慈善团体和企业
与政府关系	与政府关系密切，受政府信任	政府是智库的坚强后盾	政府与智库互为补充
智库机构举例	总统科学顾问委员会、国会研究部、兰得公司、斯坦福国际咨询研究所、布鲁金斯学会、企业研究所	综合研究开发机构、野村综合研究所	欧洲改革中心、公共政策研究会、费边社

数据来源：郭岚，2013. 国外智库产业发展模式及其演变机制［J］. 重庆社会科学，3（22）：121-127.

相对西方发达国家的智库发展水平，我国智库建设仍处于初步发展阶段，在组织管理、项目运作、筹资和成果推销等运行机制方面都还需要不断完善。但是，我国智库发展速度很快，截至2013年8月，中国超过英国、印度、德国，以426家的智库总量居世界第二。目前，国内知名度较高的智库主要有：国务院参事室、中国社会科学院财经战略研究院（简称财经院）、中国国际经济交流中心（简称国经中心）、中国与全球化智库（简称CCG）、中国人民大学重阳金融研究院（简称人大重阳研究院）、盘古智库、中国东中西部区域发展和改革研究院（简称发改院）、中国（海南）改革发展研究院、综合开发研究院（中国·深圳）（又称“中国脑库”，英文缩写CDI）、浙江清华长三角研究院、察哈尔学会十一大智库。它们各具特色、各有所长，是各类智库建设的领头羊（表8.4）。

表 8.4　中国十一大智库简介

智库名称	成立时间	专注领域/性质	备　注
国务院参事室	1949 年 11 月	统战性和咨询性，主要职责是调查研究、建言献策、咨询国事	国务院直属的主管政府参事工作的正部级机构，国务院参事由国务院总理聘任。大多是民主党派成员和无党派人士，也有中共的专家、学者和富有宏观管理经验的领导干部
中国社会科学院财经战略研究院	1978 年 6 月成立，2011 年重新组建	财政与贸易经济研究所为基础，组建综合性、创新型国家财经战略研究机构	国内领先、国际知名的学术性智库，财政拨款智库，没有资金的压力，有着一定的项目收入
中国国际经济交流中心	2009 年 3 月 20 日	国际性经济研究、交流和咨询服务机构，综合性社团组织	汇集了中国政界、商界、学界力量，成立之初就有 5 亿元人民币基金作为后盾的思想库。在体制设置、媒介宣传以及国际合作等方面对中国智库业发展有启智作用
中国与全球化智库	2008 年	中国国际人才专业委员会、中国与全球化研究中心、南方国际人才研究院和北方国际人才研究院共同组成的国际化研究智库	凝聚海内外专家学者共同为中国在全球化进程中建言献策的一个高端平台，是海外留学人员、国际专家、华人华侨学者和国内专家学者智慧交融的一个智库，资金上往“政企研国际化多轮驱动”发展
中国人民大学重阳金融研究院	2013 年 1 月 19 日	中国人民大学与上海重阳投资管理有限公司联合创办的一所现代化智库	“校企合作智库”的模式之一，通过非专职聘用其为高级研究员、兼职教授等方式，最大化吸收社会资源，集聚前沿、尖锐与务实的智慧。在管理体制上，该院去行政化、不吃财政经费，研究员多是国内财政金融领域的知名学者、前国际政要

（续）

智库名称	成立时间	专注领域/性质	备注
盘古智库	2015 年	中外知名学者组成的公共政策研究机构	委员年轻化、专业化，大部分是国内经济界的领军人物和跨界学科带头人，在领域内占据一定话语权
中国东中西部区域发展和改革研究院	2002 年	自收自支、自谋发展，实行理事会领导下院长负责制；“政产学研用”常态化的思想交流平台和智库成果转化基地	以项目课题为基础，形成了教育培训、科研咨询、政策研究、人才培养、网络学习、论坛会议、公益基金七大版块业务；以课题项目组百位专家为依托，构建了党政军专家顾问资源库
中国（海南）改革发展研究院	1991 年 11 月 1 日	从事改革发展政策研究、咨询、培训等业务的公益性非营利事业法人机构	中国早期部省合作智库之一，“小机构、大网络、国际化”的运行机制，学术委员会、顾问委员会、基金会、中国（海南）改革发展研究院网络专家团队构建的政企网学研金的资源平台，董事局领导下的院长负责制，以及“自主经营、自担风险、自我积累、自求发展”的发展方向
综合开发研究院（中国·深圳）	1989 年 2 月	国务院总理批准成立、在业务上接受国务院研究室指导的独立研究咨询机构	编制了我国金融中心竞争力评价的指标体系，即“CDI 中国金融中心指数”，旨在为我国金融中心更好、更健康地发展提供一定可借鉴的线索
浙江清华长三角研究院	2013 年 12 月 31 日	浙江省人民政府与清华大学本着优势互补、共同发展的精神联合组建的研究机构。自收自支，为实行企业化管理的正局级事业单位	长三角研究院是省校合作的成功模式，突出人才培养、科技创新、成果转化的特色，整合促进产业化的各类国内外项目资源、资金资源与人才资源，探索出“政产学研金介用”七位一体的创新发展模式

（续）

智库名称	成立时间	专注领域/性质	备　注
察哈尔学会	2009年10月	民间资本成立的非官方、无党派、独立思想库，致力于打造一个具有国际影响力的中国独立思想库	为政府的重大外交决策提供政策建议和创新思想，影响政策和舆论；为政府、研究机构、企业、社会公众之间构建一个沟通、交流的平台；以公共外交杂志、外交会议为主的智库产品成果颇丰，已经有一定的国际影响

数据来源：根据财经网《中国智库建设十一大经典案例》整理所得。

在水利建设方面，智库建设也已经纳入顶层设计。2015年11月，水利部印发《关于大力加强水利智库建设的实施意见》，指出水利智库建设要作为一项重大而紧迫的任务，推进水利政策及战略研究机构、科研院所及社会智库协调发展，到2020年，形成定位清晰、特色鲜明、规模适宜的现代水利智库体系。目前，水利行业智库主要有两类，分别是具有政府背景和财政拨款的系统内部智库机构、以水利专业为特色的高校与社会智库机构（表8.5）。与其他行业智库建设相比，水利智库建设还需要不断改进提高，主要体现在角色定位上：需要找准定位，强化“围绕中心，服务大局”的责任意识，推进与水利重大决策、重大活动的黏合程度；创新能力上：需要协调智库人员的知识结构，可以引进学科知识与研究课题相结合的矩阵研究机制，[①] 释放思维创新活力；成果评审上：需要引入科学、独立的第三方评估机构，对智库成果进行评价，确保水

① 矩阵研究机制：纵向是直线主管组织，将所有研究人员按照所学知识的学科类别分组。横向是按照研究课题成立研究小组。在运行研究课题时，从按学科划分的各小组中抽调研究人员，组成课题的研究队伍，进行跨学科综合性研究，从而形成一种矩阵结构。摘自安淑新，2011. 国外智库管理运行机制对我国的启示［J］. 当代经济管理，5（33）：88-93.

利智库成果的可行性、权威性。国外智库都很重视对咨询研究的质量管理，如美国兰德公司，聘请了约600名全国有名望的教授和各类高级专家，作为特约顾问和研究员，对重大课题进行研究分析和成果论证，以确保研究质量及研究成功的权威性。

表8.5 中国水利智库建设分类列举

分类标准	政府背景和财政拨款的系统内部智库机构	水利专业为特色的高校与社会智库机构
智库名称	水利部发展研究中心、水利部水利水电规划设计总院水战略研究部门、中国水利水电科学研究院水资源、水电可持续发展研究部门、水利部综合事业局、水利部灌溉排水发展中心、南京水利科学研究院、太湖流域管理局水利发展研究中心、山西水利发展研究中心等	河海大学、清华大学水利水电工程系、中国水网、慧聪网、国际水协会、世界青年水行动组织、国际饮水资源保护组织等

8.5 国内外融资制度经验

资金对项目的作用，就好比电源与发电机的关系，要想发电机运作，得接通电源通电。同理，要想项目能正常顺利运作，得有资金支持，而资金支持最关键的就是融资。本研究对象——水资源，为公共产品，其价值更多体现为生态价值和社会价值，直接投资回报较小，时间较长。可见，其融资难度很大，一般只有政府或相关部门才会愿意承担这种项目的融资。因此，本研究的对象融资制度，主要从政府融资角度切入，分析国内外地方政府的融资手段、融资平台等。

目前，在理论界，国内外对地方政府融资的概念和划分还没有形成统一。政府融资的概念，一般认为，是指地方各级政府为实现经济和社会发展目标，通过财政、金融等渠道筹措建设资金的行为、过程和活动。地方政府融资手段主要有两种划分，一种划分方式是按照地方政府融资的基本依据和性质划分，主要分为财政拨款、债务性融资、资产（资源）融资和权益性融资（表 8.6）。另一种按资金来源情况划分直接融资、间接融资、BOT 融资、土地出让收入等（表 8.7）。通过分析 2010—2013 年资金流量表（金融交易）中政府部门的资金来源，发现资金总额、证券和保险准备金等资金渠道呈现出逐年增长的态势，年均增长率分别为 13.94%、9.97%和 24.14%。这说明政府对资金需求和融资水平是不断提高的（图 8.1）。

表 8.6 地方政府主要融资手段（按融资的基本依据和性质划分）

项　目	内　容
财政拨款	预算拨款（税费）、上级政府的转移支付
债务性融资	贷款收入、债券收入（国债转贷或中央代发）、政府性投资公司贷款和债券收入等
资产（资源）融资	地方政府利用手中掌握的政府资产和公共资源筹资，包括有形资产和无形资产
权益性融资	政府投资项目公司在资本市场上发行股票融资或自筹资金

表 8.7 地方政府主要融资手段（按资金来源划分）

项目	用　途	表现形式
直接融资	以地方政府为融资主体而获得用于城市基础设施建设的资金	①财政资本金投入而获得的股权收益；②由财政投入一些城市基础设施项目而带动外资和民营资本的投入；③获得中央转贷的由中央政府发行的国内外政府债券；④向世界银行、亚洲开发银行等国际和地区金融机构贷款；⑤获得中央转贷的由中央政府向外国政府的贷款；⑥外国政府援助赠款
间接融资	通过银行、保险公司和投资公司等中介机构获得用于城市基础设施建设和改造的资金，是目前地方政府进行大规模融资的主要方式	①政府授权一些从事城市基础设施建设的国有投资公司，向银行贷款，财政实施担保并进行贴息；②政府授权企业发行企业债券，用于地方基础设施建设，财政实施担保并承担债券利息；③通过有关投资信托公司，采用集合信托方式向社会投资者筹资，获得的资金用于城市基础设施建设

（续）

项目	用　途	表现形式
BOT融资	通常是由政府与项目投资人签订一揽子协议，约定项目投资人投资建设项目，并在建成后的一定期限内拥有项目经营权，特许经营期满后项目无偿归政府所有，其主导思想是所有权和经营权分离	项目所在地政府授予一家或几家私人企业所组成的项目公司特许权力，允许它们就某项特定基础设施项目进行筹资建设，在约定的期限经营管理，并通过项目经营收入偿还债务和获取投资回报；约定期满后，项目设施无偿转让给所在地政府
土地出让转让收入	通过出让土地获得城市基础设施配套建设资金，形成了土地出让与城市基础设施建设互动的新模式	举例，政府提供政策、土地等资源，作为项目的发起人和终极产权的所有者，与四川瑞云集团签订了《邛崃市新区开发建设项目协议书》，规定新城整体以 BOT 形式建设经营 50 年。期间，瑞云集团享有城市新区公用事业的特许专有经营权，包括公用设施经营权、广告经营权、车辆新增部分经营权和水上项目以及其他公用设施的经营权。50 年后，企业将城市无偿还给邛崃市政府

数据来源：根据王卉彤，2006. 地方政府融资手段［EB/OL］. 新浪财经，02－22 整理。

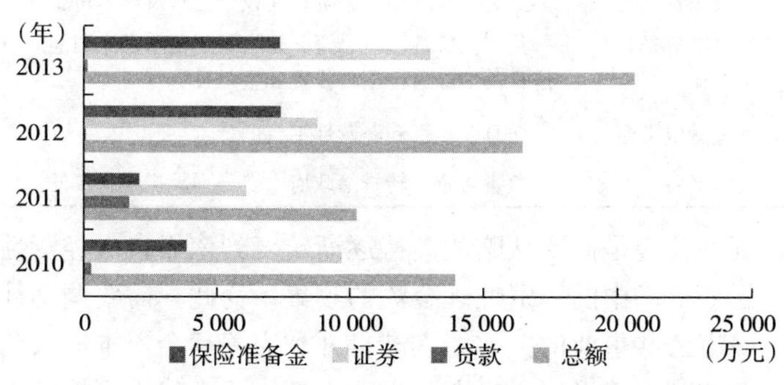

图 8.1　2010—2013 年政府资金来源

数据来源：国家统计局官方网站。

随着城镇化、工业化进程的不断加快以及可持续发展的要求，地方发展资金需求急剧增大，政府除了积极探索新型融资手段，也不断地开阔和发展地方政府融资平台，二者相互促进，共同提升政府融资能力，对推动经济社会又好又快发展具有十分重要的现实意义。与地方政府融资手段相比，融资平台是指各级地方政府成立的以融资为主要经营目的的公司，包括不同类型的城市建设投资、城建开发、城建资产公司等企业（事）业法人机构，主要以经营收入、公共设施收费和财政资金等作为还款来源，如各类开发区、园区投资融资平台、国有资产管理公司、土地储备中心类公司、土地储备中心类公司、城市投资建设公司、财政部门设立的税费中心、交通运输类政府投融资平台、其他类型等。按照融资平台的性质，可以划分为单一融资平台、公益性融资平台、经营性融资平台、综合性融资平台和转贷平台等（表 8.8）。

表 8.8　地方政府融资平台

类　别	内　　容
单一融资平台	公益性和基础性项目融资、资金拨付及还本付息，不参与项目建设和运营
公益性投融资平台	负责公益性项目融资、建设、运营及还本付息
经营性投融资平台	负责基础性项目融资、建设、运营及还本付息，并可能进行其他经营性项目投资和金融投资
综合性投融资平台	兼具公益性和经营性平台的特点
转贷平台	负责将贷款转贷给政府，自身不承担还款责任

融资的关键是需要从赠款支持逐渐转变到依靠自身经营性现金流的积累或市场中的筹资性现金流的收集，为此，需要调动社会公众对于城市公共事业的关注，逐渐打开和完善社会资本进入公共领域的关卡和制度建设，通过金融方式创新，探索建立可持续发展的地方政府融资体系。国外在政府融资方面的建设，有不少值得学习的地方，尤其是在丰富融资手段上（表 8.9、表 8.10）。

表 8.9 西方发达国家融资方式

国家	政府融资方式
美国	财产税、使用者收费、市政债券收入
法国	地方税收、国家拨款、债券收入、租赁方式建设基础设施项目、基于特许经营权的授予权融资等
加拿大	基础设施建设基金、贷款、BTO（建设—转移—拥有）融资等

数据来源：孙慧，2010. 从国际经验看我国地方政府融资平台发展创新［J］. 国际经济合作（10）：60-63.

表 8.10 我国可借鉴的融资手段

手段	内 涵	特 点
市政债券	由地方政府或其授权代理机构发行的有价证券，筹集的资金用于市政公用设施和社会非经营性项目的建设，分为一般债务债券和收益债券	一般债务债券，是以当地政府信用和税收能力作为还本付息的保证；收益债券，由地方政府的授权代理机构（企业）为了投资建设某项基础设施而发行的债券，不是以政府税收为之担保，而是以有关项目是否盈利为前提条件
基础设施收费证券化	以基础设施的未来收费所得产生的现金流为支持发行债券进行融资的方式，债券的还本付息来源于基础设施的未来收费所得产生的现金流	经营性基础设施收费的收益较稳定，以基础设施收费为支撑发行的债券较容易被资本市场上的投资者所接受，且仅转让了未来现金流，并未真正转让原始权益，能在有效保护国家对城市基础设施所有权的基础上解决资金问题
私人主动融资（PFI）	是 BOT 的优化，由政府根据实际需要发起筹建，私营企业和私有机构组建的项目公司具体负责项目的融资、设计、开发和建造	与 BOT 模式不同的是，政府对项目的要求没有那么具体，往往只有目标和功能要求，充分利用私营企业的优势，实现项目的选择、设计和运营的创新；项目竣工后，项目公司不是将项目提供给最终使用者，而是出售或租赁给政府及相关部门
次级债券	是指偿还次序优于公司股本权益、但低于公司一般债务的一种债务形式。它属于附属资本的范畴，不得超过核心资本的 50%。随着“长期负债等同资本”观念的传播，成为公共基础设施融资上用于提升项目资信、以便进行更多融资的一种工具	次级债券通常用于准经营性城市基础设施的融资。各种证券的求偿权优先顺序为：一般债务＞次级债务＞优先股＞普通股

数据来源：王卉彤，2006. 地方政府融资手段［EB/OL］. 新浪财经，02-22.

8.6 对我国改革水资源管理的启示

中共十八届三中全会指出，加快资源税改革是完善税收制度，建立现代财政制度的主要工作之一。现阶段，我国资源税税制既保留了资源税的本身属性，也体现了我国从资源补偿收费向税收管理过渡的整体思路。在加快经济发展方式转变的宏观背景下，以水资源税费改革推动资源税转型升级已是大势所趋。不少学者认为，我国水资源费改税已经具备了可行性。首先，“水资源费”拥有一套较为完善的征收标准、管理体系和测算方法，这为水资源税的实施奠定了基础。其次，水资源税的建立，使水资源收入进入政府间财政关系的范畴，可以有效化解目前相对复杂的各种牵绊。再次，水资源税的建立，还将水资源的价格调整纳入常规变动的区间。这有助于避免水资源费在原有执行过程中，难以调价、需要多方报批的困境。最后，费改税改革中很大的一个特色，就是支持资源能源产地的经济建设，让资源税留在产地。水资源税纳入预算管理，有利于相关收入的高效利用以及调动并发挥各级政府和主管部门的积极性。

8.6.1 水资源管理体制

政府在水资源管理中发挥着重要作用。水资源有别于一般商品，它是人类生存最基本的必需品，也是人类的公共品。无论是哪个国家，水资源丰富与否都需要完善的水资源管理。而在这一管理过程中，政府扮演着不可获取的角色。正视这种公共品，如何避免公地悲剧，是政府需要通过完善立法、体制、创新政策，不断强化和优化水资源管理。

另外，由于水资源管理具有外部性和公共物品性，很难对水资源产权进行一个明确的界定，往往带来各方利益集团的争相抢夺式开发利用。各个部门间由于协调不一致，往往造成“九龙治水”的格局。各部门各自为政，造成政出多门、彼此矛盾和冲突。通过综合管理，整合所涉管辖行政区域和机构，统一管理部门，可以较好避免管辖重叠区相互推诿的现象，将可使水资源高效合理分配。

8.6.2 法律和经济手段

有效的水资源管理往往需要法律强制执行和经济利诱相结合。而仅仅通过法律手段采用行政命令之类的死命令，会造成民众抵触和反抗。企业往往拒不执行，造成社会不安，政府监督成本增大。水资源管理中应考虑到企业利益，利用各种经济手段，鼓励私营部门和公众参与，通过新手段和新技术的应用，将法律规定和经济引导结合起来。

8.6.3 管理方式结合本国国情

各国水资源管理手段和方式都有自身特点，但是如果生拉硬套容易造成政策失败。水资源管理模式和特定行政机构要和自身国情相结合。在充分考虑国民意愿、长远规划的基础上，因地制宜地采取措施。一个国家的创新成功，不一定意味着另一个国家也同样可以用这种方式创新成功。如日本政府在水资源管理方面提供大量补贴，但是这种方法对处于发展中的非洲国家来说很难实现。对中国而言，也要谨慎效仿。即使是欧美发达国家，对水资源方面采取大量补贴的方式也难以承受，何况处于发展中的中国。美国比较典型的水权交易，在其他西方国家就较少使用。中国需要根据本国地理环境和水资源特点、行政体系及未来规划等各方面因素建立有自身特色的水资源管理体系。

8.6.4 技术手段进行突破

对于严重缺水的国家，开源和节流成为国家水资源政策的重要部分。中国可以借鉴新加坡和以色列等严重缺水国家的发展经验，从技术方面进行创新。新加坡、以色列等国家在技术上加大研发和投入力度，通过海水淡化、污水截流和净化、水库联调甚至进口水等措施广泛开拓供水来源。

以色列制定了一系列法规来改进污水处理厂出水的水质，以促进回用，并减少环境和健康风险。一个重要目标是利用回用的污水代替淡水作为灌溉用水。目前，以色列几乎50%的灌溉用水源于处理过的污水。海水淡化也是一个选择。以色列已经建起了一些海水淡化厂，还在建设一些大型的海水淡化厂。由于技术进步，海水淡化的成本已经大大降低。在新加坡，近年来也采取了多种措施开源节流，并取得了显著的进展。集水区保护是确保水库水质的最关键因素，对于新加坡而言尤其如此，因为该国的大多数集水区都位于城市地区。由于各部门在集水区的土地规划方面密切协调，并实施了严格的污染防治措施。目前，集水区已经占了全新加坡土地的50%左右。

8.7 对北京奶牛养殖业水资源管理的启示

8.7.1 设计奶牛养殖业水资源利用评价体系

农民用水协会起初是为了解决农田灌溉问题，如末级渠系的养护投入严重不足，水资源利用效率较低，约1/2水资源在输送和使用过程中被浪费等问题。目前逐渐扩展了农民用水协会的职能，但仍是以服务灌溉农业为主。如今灌溉农业用水的管理，已经建立了较完善的体系，能有效评价农田水资源利用效率。常用的衡量指标有灌区的有效灌溉面积①、节水灌溉面积②、灌溉利用系数等。其

① 有效灌溉面积：反映农田水利建设的重要指标，等于灌溉工程或设备已经配套，能够进行正常灌溉的水田和水浇地面积之和。

② 节水灌溉面积：指用尽可能少的水投入，收得尽可能多的农作物产出的一种灌溉模式，等于喷灌面积、微灌面积、管道输水面积、渠道防渗面积和其他节水灌溉面积之和。

中，灌溉利用系数指在一次灌水期间被农作物利用的净水量与水源渠首处总引进水量的比值。它是衡量灌区从水源引水到田间作物吸收利用水的过程中水利用程度的一个重要指标，也是集中反映灌溉工程质量、灌溉技术水平和灌溉用水管理的一项综合指标，是评价农业水资源利用，指导节水灌溉和大中型灌区续建配套及节水改造健康发展的重要参考。监测灌溉利用系数的方法主要有首位测定法、典型渠段测量法和综合测定法。

本研究在对北京奶牛养殖业水资源利用现状的走访调查中，发现部分奶牛养殖场在经营奶牛养殖的同时，也承包了不少农田，因此存在灌溉用水与养殖用水的重合，这意味着农民用水协会实际上管理的水资源不局限于灌溉农业。

奶牛养殖业水资源管理可以借鉴农田用水管理办法，设计合理的奶牛养殖水资源利用系数及其他衡量指标。奶牛养殖业也是一个高耗水行业，但目前还没有得到足够的重视。相关机构应当针对不同用水环节，设计不同的节水重点及对应的节水技术，再通过农民用水协会进行自主管理。

8.7.2 加强人才资源管理和奶业智库建设

智库建设已经逐渐发展成为一种产业，它向相关部门或企业提供与经济社会发展和生产经营有关的战略决策产品，帮助他们提高决策能力，从而增加经济社会和企业的运营效率，这是一个价值增值的过程。奶牛养殖业也应该不断提高智库建设，获取战略决策产品，实现价值增值。尤其是如何提高奶牛养殖业水资源利用效率，需要智库发挥其集思广益、博采众长的作用，为奶牛养殖业的节水主题，提供具体方案。

目前，奶牛养殖业的智库主要有北京奶牛创新团队、全国奶业协会及各省市地区奶业协会、国家奶牛产业技术网、农业部奶业管理办公室、中荷奶业发展中心、中国奶业 D20 峰会等，为奶业的发展做出了重要贡献。未来，这些智库可以加强交流合作，整合资源，为节水奶业设计出战略决策产品，为水利部部门、地方政府、畜牧站等相关部门的管理方针提出建议。

8.7.3 充分利用融资政策，加强奶牛养殖业节水设施建设

农业部奶业管理办公室主任王锋认为，我国奶业发展迎来 4 个机遇：其一是国家重视，其二是奶业属于朝阳产业，其三是科技进步为奶业提供足够支撑，其四是社会资本进入。面对机遇，他认为需要往 5 个方向发展，分别是优质化、规模化、标准化、机械化和一体化。要建立五大体系，分别是现代奶业质量安全监管体系、现代奶业产业体系、现代奶业生产体系、现代奶业经营体系和知识保护体系等。可见，政府对奶业发展是十分重视的，也鼓励社会资本的进入。在了解我国及西方发达国家的政府融资手段、融资平台后，本研究认为政府在促进奶牛养殖业健康发展时，可以从以下方面去融资。第一，使用财政拨款，将部分税收和上级政府的转移支付使用到奶牛养殖业，如果融资申请审批通过，这是最稳健、难度系数最小的融资方式；但若审批不通过，则基本没有办法再通过此方式融资。第二，可以利用水资源这种公共资源和政府形象这种无形资源，进行资源融资。如 2016 年 1 月 6 日，水利部、中国农业发展银行联合印发《关于用好抵押补充贷款资金支持水利建设的通知》，使用抵押补充贷款资金项目的贷款利率远低于市场利率，近期执行利率较中长期贷款基准利率低 15％以上。该规定指出，抵押补充贷款资金使用范围包括高效节水灌溉、水土保持、农村水电、合同节水，以及水生态文明、国土江河综合整治、“海绵城市”等项目中的水利工程建设。政府可以利用这个政策，制定关于奶牛养殖业节水工程的项目，通过该项目启动 BOT 模式融资。第三，政府也可以建立关于奶业的综合性融资平台，通过公司化运作方式去市场融资。

9 不足与展望

9.1 研究不足

本研究旨在研究严重缺水，且地下水过度开采的大背景下，如何评价高耗水、地下水依赖程度高的北京奶牛养殖业水资源利用绩效的方法，揭示北京奶牛养殖业水资源利用存在的问题，并提出相应的对策建议，以期对北京节水城市的发展、奶牛养殖业水资源利用效率的提高做出贡献。但在整个研究过程中，由于时间和资源的局限性，本研究还存在不足之处：

9.1.1 数据的连贯性和获取性不够

由于研究对象是监管较松散，且具有扶植性、公益性的奶牛养殖业水资源，其数据记录十分有限，相关政府部门、绝大部分奶牛养殖场都没有准确的用水记录。因此，本研究的关于水资源的数据主要来自《全国农产品成本收益汇编》、北京奶牛创新团队提供的数据和调研数据，在数据口径上存在一定差异且缺乏连贯性。虽然本研究进行了分别处理和说明，避免了数据口径不一致造成的混乱，但是关键指标数据缺乏连贯性和获取性，仍然在一定程度上影响了研究结果的客观性、真实性。

9.1.2 指标设计对水资源利用的影响因素选定还有一定欠缺

本研究在选择衡量奶牛养殖业水资源利用绩效的投入、产出指标上，采用的方法是文献法和调查法。确定了原料奶产量和副产品产量作为产出指标，饲料投入、劳动力投入、水电费投入、用水量、用水设备及水费投入等指标作为投入指标，没有对其进行相关性分析和假设检验，缺乏统计意义上的认可。

9.1.3 水资源税费情况调查环节有待充实

本研究对北京奶牛养殖业水资源利用绩效的调查研究集中在如何计算出奶牛养殖场的用水情况下，后期的研究发现，提高奶牛养殖业水资源利用效率的重要途径之一是水资源税费的改革，这就涉及水费征收主体、水费征收制度等方面的调查研究。而本研究仅针对了养殖场对水费征收制度的看法、水费征收上涨幅度、水费征收与水资源绩效之间关系的看法等方面的内容，调查对象也是以奶牛养殖场为主。这导致本研究在分析关于水资源税费时，一手资料不足的局限。

9.1.4 部分理论设计成果有待检验

本研究根据调查数据分析结果，设计了奶牛养殖业用水户综合管理指标，北京奶牛养殖业浮动用水参照标准，运营投入、饲料投入、劳动力投入的最优资金投入组合比例范围，新型北京奶牛养殖业水资源水费制度等管理办法，受能力与时间限制，其科学合理性还有待检验。

9.2 研究展望

通过本研究成果，能够比较明确地了解北京奶牛养殖业存在的问题，主要是缺乏用水记录、节水设备投入不足和水费管理落后等问题。本研究也针对这些问题，设计了两级数据监控系统、资金投入组合、新型奶牛养殖业水资源收费制度等具体的对策建议。同时，在不断深入研究的过程中，逐渐发现了后期研究的重点工作、扩展方向，总结如下：

9.2.1　研究重心

本研究的重心是水资源利用绩效的评价，后期的研究重心是解决奶牛养殖业水资源利用问题。例如，新型奶牛养殖业水资源收费制度是否合理，养殖户和政府相关部门是否认可，水费征收的主要单位——农民用水协会该如何发挥其在水资源税费改革中的作用，改善节水设备势必增加政府投入，政府融资手段该如何创新等。

9.2.2　研究主体

本研究的主体是奶牛养殖户，后期的研究主体应该转向相关政府部门、农民用水协会、银行等，了解其对奶牛养殖业水费征收制度的看法、建议，以及分析其所处环境、角色在水资源税费改革中发挥作用的受限因素。

9.2.3　生态节水的北京奶牛养殖模式构想

本研究受时间、能力的局限，并没有提出具体的生态节水奶牛养殖模式，后期可以在节水养殖模式上进行深入研究，通过关注、计算相关工程和饲养环节的用水、需水数量，设计出生态节水的奶牛养殖模式。

附　录

附录1　北京市奶牛养殖场调研问卷

您好！我是北京奶牛创新团队的成员。首先感谢您在百忙中能抽空填写问卷，这是一份关于奶牛养殖场基本情况、水资源利用情况调查的问卷。请根据您的情况如实填写，您的信息对我们把握北京奶牛养殖业的发展动态具有重要的意义。感谢您的配合！

牛场名称：________________所在区：________________

牛场负责人姓名：____________联系电话：____________

第一部分　奶牛养殖场基本情况

1. 您的养殖场奶牛品种为______，奶牛总存栏为______头，其中犊牛存栏______头，育成牛存栏______头，成母牛存栏______头。

2. 您的养殖场当月的产奶量是______千克，当月的原料奶销售量是______千克，生鲜乳收购价是______元/千克，当月的原料奶销售收入是______元。

3. 您的养殖场当月销售淘汰母牛______头，收入______元，销售犊牛收入______元，销售牛粪收入______元。

4. 您的养殖场当月粗饲料支出______元，精饲料支出______元。

5. 您的养殖场当月繁育人员工资______元，兽医人员工资______元，挤奶员工资______元，饲养员工资______元，当月在职人员工资总支出为______元。

6. 您的养殖场当月电费支出______元，水费支出______元。

7. 您的养殖场当月固定资产折旧______元，管理费为______元。

第二部分　奶牛养殖场水资源利用概况

一、水资源来源渠道及其使用情况

1. 您的养殖场水资源来源渠道有哪些（可多选）：

□1 自打井（地下水）□2 降雨、湖河流引入等收集水□3 自来水公司□4 其他________（请注明）

2. 养殖场压力罐的个数________，其总容量为________。养殖场水泵的个数________，其总功率为________。

3. 养殖场的水泵和压力罐________，工作 1 次使用的电量度________，能提供的用水量是________吨，平均每日能提供的用水量是________吨。

4. 养殖场每月平均的耗电量为________度，电费为________元，其中使用压力罐耗费的电量为________度，花费的电费为________元。

二、水资源的使用环节及其用水量

您的养殖场有哪些环节需要用水，以及其对应的每日用水量是多少（可多选）：

用水环节（在对应选项前打“√”）	每日用水量（吨/天）	使用水的来源比重（请在对应选项打“√”）			
		□1 自来水公司	□2 村集体打井	□3 自打井	□4 其他途径
□1 牛群日常饮用					
□2 牛群洗澡					
□3 挤奶厅清洗					
□4 饲料调制					
□5 牛舍清洗					
□6 员工日常生活					
每日用水量合计					

三、水资源的成本情况

1. 您的养殖场水费征收方式是（单选）：

□1 不收钱□2 象征性收取，每年收取______元□3 按水费元/吨，实际用水量征收

2. 您的养殖场固定资产总额为______万元，其中压力罐为______元，水泵为______元，淋浴设备为______元，打水井______元。

四、水费征收和自备井置换的接受度

1. 北京居民用水已经实行水阶梯水价表（指按年度用水量计算，将居民家庭全年用水量划分为三档，水价分档递增），如果对养殖场也采取类似的水价收取方法，您会如何应对（单选）：

□1 无所谓，影响不大□2 升级改造节水设备，科学节水□3 成本太高，考虑转行□4 不清楚，随大流□5 其他，请注明

2. 您认为水费征收制度对奶牛养殖业节约用水能起到的作用（单选）：

□1 效果显著□2 有一定效果□3 效果不明显□4 没效果□5 会影响奶农养殖积极性

3. 您是否了解《2015—2020 年城区自备井置换工作方案》：

□1 是□2 否

4. 您的养殖场有自备井取水许可证吗：

□1 有□2 无

5. 您是否打算申请自备井置换市政管网水：

□1 是□2 否

6. 您认为您所在养殖场的水资源归哪个部门管辖（单选）：

□1 村集体□2 乡水管站□3 区水务局□4 不知道

7. 管理好地下水资源是北京节水的一个重要方面，您认为自备井置换，纳入自来水集团管辖，对此您比较担心的环节有哪些（可多选）：

□1 用水成本过高□2 改造流于形式，只是装了水表，未改变

水来源□3 自来水公司盈利增加，而未付出成本□4 其他______（请注明）

8. 目前奶业市场不景气，一方面，政府要稳定养牛人的信心；另一方面，地下水开采过度，政府要实行自备井置换市政管网水，调控地下水使用。而这必将增加养牛成本，影响养牛信心，您认为政府应该如何缓解二者的矛盾？

答：

9. 您认为下列哪些措施有利于提高养殖场用水效率，为什么？

□1 安装水表等能记录用水量的仪器□2 定期上报用水数据□3 不收水费，只通过数据监管□4 制定科学的用水限度，允许一定浮动率，超过部分再征收水费□5 制定特殊的水价，低于居民用水价格和标准□6 收取水费，再返还给牛场□7 其他

答：

附录2 中国奶牛养殖区域适合度分析

区域	养牛制约因素						
	省份	政治态度	龙头企业	土地	气候环境	养殖历史	排名
东北	黑龙江	★★★★★	★★★★	★★★★★	★★★★	★★★★★	4
	辽宁	★★★	★★	★★★★	★★★★★	★★★	9
	吉林	★★		★★★★★	★★★★	★★	13
华北	内蒙古	★★★★★	★★★★★	★★★	★★★★	★★★★★	5
	河北	★★★★★	★★★★★	★★★★★	★★★★★	★★★★★	1
	山西	★★★★★	★★★	★★★	★★★★★	★★★★★	8
中原	山东	★★★★★	★★★	★★★★★	★★★★★	★★★★★	2
	河南	★★★★★	★★★	★★★★★	★★★★★	★★★★★	3
	安徽	★★	★★	★★★★	★★	★★	14
西北	新疆	★★★★★	★★	★★★★★	★★★★★	★★★★★	6
	甘肃	★★★★★	★	★★	★★★★★	★★★	11
	陕西	★★★★★	★★★	★★★★	★★★★★	★★★★	7
	宁夏	★★★★★	★★★	★	★★★★★	★★★★★	10
	青海	★★★		★★	★	★★	17
	西藏	★★★		★			19
直辖市	北京		★★★★		★★★★	★★★★★	24
	天津		★★	★★	★★★★	★★★★★	23
	上海		★★★★★			★★★★★	25
	重庆	★	★			★	22

（续）

区域	养牛制约因素						
	省份	政治态度	龙头企业	土地	气候环境	养殖历史	排名
西南	云南	★★★★★	★★★	★★	★★★	★★★	12
	贵州	★★★★★			★		16
	四川	★★★★★	★★★	★		★★	15
南方	江苏		★★★	★★		★★★	26
	浙江			★			30
	湖南	★★				★★★	21
	湖北	★★★				★	18
	福建		★			★	29
	广东		★★★	★		★★★★	27
	广西	★★★	★				20
	海南			★★			28

注：表中只列出我国30个省、自治区、直辖市（不含香港、澳门、台湾），因江西省奶牛业发展少未统计。

数据来源：乳业咨询网，2015. 奶业大势——李胜利老师精简分析[OL]．http：//www. ruxun. net/07 - 10.

附录3　2014年北京43家示范奶牛养殖场统计数据

奶牛养殖场名称	主产品产量 Y_1	副产品产值 Y_2	饲料投入 X_1	劳动力投入 X_2	水电投入 X_3	运营费用投入 X_4
牛场1号	10 374	1 374	10 387	1 237	189	272
牛场2号	7 952	2 512	7 304	1 469	226	341
牛场3号	7 023	447	8 336	1 331	605	151
牛场4号	9 205	2 278	13 616	1 103	94	554
牛场5号	7 622	2 995	14 013	1 278	127	
牛场6号	5 568	686	6 031	890	202	470
牛场7号	5 695	4 143	7 694	1 297	181	1 281
牛场8号	12 909	1 744	4 773	1 626	163	605
牛场9号	5 357		9 680	1 712	470	1 737
牛场10号	5 364		1 079	2 190	418	209
牛场11号	8 739	2 512	10 846	1 177	339	2 431
牛场12号	7 665		11 669	1 537	295	1 044
牛场13号	5 962	1 549	8 890	1 085	212	667
牛场14号	6 207	2 681	4 993	1 313	1 875	246
牛场15号	4 923	899	8 756	1 401	257	460
牛场16号	46 934	31	6 983	1 229	350	307
牛场17号	8 996	2 431	9 370	2 250	585	206
牛场18号	8 580	7 196	12 273	950	266	859
牛场19号	7 760	2 395	8 300	1 273	288	682

（续）

奶牛养殖场名称	主产品产量 Y_1	副产品产值 Y_2	饲料投入 X_1	劳动力投入 X_2	水电投入 X_3	运营费用投入 X_4
牛场 20 号	6 550		9 906	1 651	368	1 677
牛场 21 号	2 227		10 607	1 033	125	161
牛场 22 号	5 054	8 707	4 197	1 487	105	343
牛场 23 号	6 554	4 123	10 295	1 677	487	321
牛场 24 号	8 350	3 418	18 980	2 062	353	965
牛场 25 号	5 011	464	6 882	803	144	646
牛场 26 号	9 645	920	12 805	1 358	368	171
牛场 27 号	7 916	2 346	7 074	1 771	111	747
牛场 28 号	6 366	417	18 994	1 056	370	3 404
牛场 29 号	5 681	101	11 716	1 133	99	31
牛场 30 号	4 275	2 186	2 500	1 565	152	207
牛场 31 号	11 604	843	7 965	857		438
牛场 32 号	1 300	1 464	7 853	2 966	38	151
牛场 33 号	5 110	1 510	14 096	1 259	447	138
牛场 34 号	4 968	2 055	6 942	1 260	476	990
牛场 35 号	6 178	994	36 738	1 143	276	143
牛场 36 号	4 387	912	2 281	740	38	119
牛场 37 号	11 553	971	2 474	986	131	135
牛场 38 号	10 052	1 446	9 718	136	213	915
牛场 39 号	8 384	1 345	10 385	1 297	439	1 594
牛场 40 号	10 372	2 061	13 234	1 377	854	353
牛场 41 号	5 918	2 172	10 295	2 254	408	2 247
牛场 42 号	7 301	1 139	10 738	1 101	336	336
牛场 43 号	5 066	2 703	8 650	979	500	954

附录4　2011—2013 年全国及部分省、直辖市中大规模奶牛养殖场投入产出数据

附表 4.1　2011—2013 年我国及部分省、直辖市中规模奶牛养殖场投入产出数据

年份	序号	项目	主产品产量 Y_1	副产品产值 Y_2	饲料投入 X_1	劳动力投入 X_2	水电费投入 X_3	运营投入 X_4
2011	1	全国	5 588	1 552	10 905	2 181	192	2 030
	2	北京	5 664	1 800	12 369	1 337	151	2 531
	3	山西	5 512	1 352	8 914	1 503	93	1 514
	4	辽宁	6 082	2 614	11 250	2 197	208	1 879
	5	黑龙江	5 116	1 145	8 819	1 695	63	1 558
	6	上海	7 541	1 511	19 763	3 333	824	3 272
	7	江苏	4 986	1 418	12 086	1 689	153	1 923
	8	安徽	5 601	1 552	12 286	1 529	299	2 909
	9	福建	4 840	1 293	8 975	5 181	326	2 418
	10	河南	5 166	1 539	9 151	2 218	140	1 587
	11	四川	6 078	1 296	11 938	2 538	110	1 948
	12	甘肃	4 745	1 862	10 498	1 183	232	3 020
2012	1	全国	5 743	1 854	12 103	2 408	243	2 534
	2	北京	5 512	1 838	11 202	1 114	258	3 430
	3	山西	5 665	1 412	10 234	2 003	104	1 602
	4	辽宁	6 042	2 545	12 781	3 070	278	2 003
	5	黑龙江	5 586	1 317	10 326	2 215	63	1 577

（续）

年份	序号	项目	主产品产量 Y_1	副产品产值 Y_2	饲料投入 X_1	劳动力投入 X_2	水电费投入 X_3	运营投入 X_4
2012	6	上海	7 615	1 981	21 575	3 514	875	3 409
	7	江苏	5 202	1 531	13 187	1 473	145	2 520
	8	安徽	6 163	1 861	13 019	1 865	440	4 907
	9	福建	5 305	1 705	9 749	4 976	315	2 605
	10	河南	5 481	1 741	10 176	2 518	153	1 674
	11	四川	6 165	1 620	12 395	2 925	126	1 978
	12	甘肃	6 967	1 839	18 595	1 650	275	3 107
2013	1	全国	5 824	1 953	12 712	2 629	226	2 627
	2	北京	5 775	2 279	11 930	1 001	230	2 669
	3	山西	5 667	1 861	9 988	1 688	91	1 745
	4	辽宁	6 128	2 243	13 256	3 725	223	1 837
	5	黑龙江	5 749	1 452	10 324	2 207	72	1 581
	6	上海	7 859	2 187	22 825	3 622	944	3 452
	7	江苏	5 492	1 674	13 025	1 569	169	2 120
	8	安徽	6 443	1 877	13 298	2 392	620	7 489
	9	福建	5 309	2 280	9 756	6 102	295	3 085
	10	河南	5 540	1 940	10 848	2 633	159	1 806
	11	四川	6 100	1 952	13 219	3 510	128	2 108
	12	甘肃	6 462	1 917	19 850	1 549	203	3 035

附表 4.2　2011—2013 年我国及部分省、直辖市大规模奶牛养殖场投入产出数据

年份	序号	项目	主产品产量 Y_1	副产品产值 Y_2	饲料投入 X_1	劳动力投入 X_2	水电费投入 X_3	运营投入 X_4
2011	1	全国	6 292	1 807	13 061	1 904	331	2 942
	2	北京	4 732	1 713	10 775	594	91	3 836

（续）

年份	序号	项目	主产品产量 Y_1	副产品产值 Y_2	饲料投入 X_1	劳动力投入 X_2	水电费投入 X_3	运营投入 X_4
2011	3	山西	5 600	1 260	8 750	1 850	120	1 670
	4	辽宁	6 034	2 083	11 569	2 423	168	1 712
	5	黑龙江	5 706	1 307	10 292	1 910	146	1 965
	6	上海	8 779	1 302	22 681	3 167	978	5 073
	7	江苏	7 669	1 551	16 711	2 762	756	3 645
	8	安徽	6 096	2 073	12 397	1 220	233	5 613
	9	福建	6 267	1 175	14 257	1 123	392	2 845
	10	河南	5 539	1 748	10 011	2 240	163	1 845
	11	四川	6 178	1 333	11 843	2 494	111	2 303
	12	甘肃	7 121	1 778	14 548	861	167	3 482
2012	1	全国	6 445	1 931	14 850	2 227	358	3 074
	2	北京	7 620	2 325	16 581	1 400	290	3 905
	3	山西	5 620	1 236	9 210	2 563	122	1 735
	4	辽宁	6 035	2 086	12 374	2 880	171	2 555
	5	黑龙江	6 468	1 351	11 950	2 350	91	2 026
	6	上海	8 786	2 211	23 701	3 706	978	5 090
	7	江苏	7 410	1 395	19 887	2 735	681	3 680
	8	安徽	6 219	4 333	12 889	3 034	298	6 322
	9	福建	6 462	1 122	15 181	1 335	416	2 881
	10	河南	5 713	1 968	10 809	2 581	170	1 954
	11	四川	6 193	1 527	12 942	2 760	127	2 126
	12	甘肃	7 777	1 454	17 108	1 417	197	3 186
2013	1	全国	6 454	2 301	15 746	2 453	371	3 355
	2	北京	7 633	2 844	16 709	1 913	309	4 626
	3	山西	5 689	1 859	9 640	2 034	119	1 823

（续）

年份	序号	项目	主产品产量 Y_1	副产品产值 Y_2	饲料投入 X_1	劳动力投入 X_2	水电费投入 X_3	运营投入 X_4
2013	4	辽宁	6 215	2 727	14 080	3 160	191	3 075
	5	黑龙江	6 899	1 968	13 143	2 375	113	2 305
	6	上海	9 010	1 990	25 101	2 903	1 224	6 231
	7	江苏	7 192	1 385	20 411	3 413	753	3 849
	8	安徽	5 926	2 601	16 247	2 234	329	7 281
	9	福建	6 964	1 365	18 860	1 629	512	3 309
	10	河南	5 796	2 210	11 606	2 678	164	2 132
	11	四川	6 185	1 885	11 445	3 281	125	1 867
	12	甘肃	7 726	1 879	17 604	1 134	210	3 410

附录5　我国出台水资源管理政策文件汇总

一、水量管理政策

2004年4月19日，国务院办公厅发布《关于推进水价改革促进节约用水保护水资源的通知》（2004年36号文件）。

2005年4月21日，国家发展和改革委员会会同科技部、水利部、建设部和农业部，联合发布《中国节水技术政策大纲》。

2006年2月21日，国务院公布《取水许可和水资源费征收管理条例》。

2007年2月14日，国家发展和改革委员会、水利部、建设部联合发布第236号文件《节水型社会建设"十一五"规划》。

2011年中央1号文件《中共中央国务院关于加快水利改革发展的决定》。

2012年1月，国务院颁布《关于实行最严格水资源管理制度的意见》。

2012年11月，国务院办公厅发布《国家农业节水纲要(2012—2020年)》。

2013年1月，水利部发布《关于加快推进水生态文明建设工作的意见》。

二、水质管理政策

2011年10月28日，环境保护部发布《全国地下水污染防治规划（2011—2020年)》。

2012年5月16日，国务院正式批准由环境保护部、国家发展和改革委员会、财政部和水利部提出的《重点流域水污染防治规划

(2011—2015 年)》。

2012 年 1 月，国务院颁布《关于实行最严格水资源管理制度的意见》。

2013 年 2 月 17 日，环境保护部发布《国家环境保护标准“十二五”发展规划》。

2013 年 1 月，水利部发布《关于加快推进水生态文明建设工作的意见》。

2014 年 9 月 1 日，国家发展和改革委员会、财政部和环境保护部联合发布《关于调整排污费征收标准等有关问题的通知》。

2015 年 4 月 16 日，国务院发布《水污染防治行动计划》。

三、水资源风险管理政策

2007 年 8 月 30 日，发布《中华人民共和国突发事件应对法》。

2009 年 2 月 26 日，国务院发布《中华人民共和国抗旱条例》。

2011 年 1 月 8 日，国务院对《中华人民共和国防汛条例》第二次修改。

2011 年 7 月 11 日，国务院办公厅发布《国务院办公厅关于加强气象灾害监测预警及信息发布工作的意见》。

四、水利工程投资政策

2011 年 1 月 10 日，财政部、国家发展和改革委员会、水利部发布《水利基本建设资金管理办法》。

2011 年 7 月 4 日，财政部和水利部发布《关于从土地出让收益中计提农田水利建设资金有关事项的通知》。

2011 年，财政部发布《关于全面贯彻落实中央水利工作会议精神的意见》(2011 年第 265 号文件)。

2011 年，财政部和水利部发布《中央财政补助中西部地区、贫困地区公益性水利工程维修养护经费使用管理暂行办法》。

2012 年，财政部、国家税务总局发布《关于支持农村饮水安全工程建设运营税收政策的通知》。

2013 年 4 月 8 日，财政部和水利部发布《中央财政统筹从土地出让收益中计提的农田水利建设资金使用管理办法》。

附录6　北京市人民政府关于全面推进节水型社会建设的意见

京政发〔2016〕7号

水是生命之源、生产之要、生态之基，水资源是基础性的自然资源和重要的战略资源。本市水资源严重短缺，2014年人均水资源量仅为全国平均水平的1/20，水生态承载能力不足，水资源供需矛盾突出。大力节约用水是加强首都生态文明建设的重要内容，是建设资源节约型和环境友好型社会的内在要求，是保障首都水安全的根本之策。为加快推进节水型社会建设，营造爱水护水惜水节水的良好氛围，现提出如下意见。

一、总体要求

（一）指导思想

全面落实中共十八大和十八届三中、四中、五中全会精神，深入学习贯彻习近平总书记系列重要讲话和对北京工作的重要指示精神，牢固树立“创新、协调、绿色、开放、共享”的发展理念，紧紧围绕首都城市战略定位，按照“以水定城、以水定地、以水定人、以水定产”的原则和中央城市工作会议部署，统筹空间、规模、产业三大结构，充分发挥水资源对首都经济社会发展的约束引导作用，切实把地下水管起来、把雨洪水蓄起来、把再生水用起来。严格遵循“节水优先、空间均衡、系统治理、两手发力”的新时期治水方针，坚持向观念要水、向机制要水、向科技要水，建立健全政府调控、市场引导、公众参与相结合的节水机制，努力营造有利于节约用水的政策、制度和社会环境，为建设国际一流的和谐宜居之都提供坚实保障。

（二）工作目标

到2020年，节水法规、标准和政策保障体系更加完善，激励和约束机制更加健全，节水型区创建工作全面完成，社会节水意识显著提高，用水总量控制更加严格，用水效率大幅提升，主要节水指标全国领先，部分指标达到国际先进水平，在全国率先全面建成节水型社会。

到2020年，全市年度新水用量控制在31亿立方米以内；再生水利用量达到12亿立方米；万元地区生产总值用水量降到15立方米以下，万元工业增加值用水量降到10立方米以下，农田灌溉用水有效利用系数达到0.75以上；计划用水覆盖率达到95％以上，城市公共供水管网漏损率控制在10％以内。

二、主要任务

（一）强化顶层设计，充分发挥水资源的约束引导作用

1. 以水定需，科学编制城乡发展规划。全面落实《中共中央、国务院关于加快推进生态文明建设的意见》（中发〔2015〕12号）要求，加强规划和项目的水资源论证，在国民经济和社会发展规划、城市总体规划、土地利用总体规划、主体功能区规划及有关行业、产业发展规划的编制过程中，贯彻“多规合一”理念，尊重城市发展规律，充分考虑水资源和水环境承载能力，实现全市工业用新水零增长、农业用新水负增长、生活用水控制增长、生态用水适度增长，增强城市持续发展能力。

2. 量水而行，加快疏解北京非首都功能。通过实施“禁、关、控、转、调”等措施，加快调整经济结构和空间结构。严格执行本市新增产业的禁止和限制目录，严禁发展高耗水产业，加快压减、淘汰现有高耗水行业产能。以城六区为重点，推动部分教育、医疗等社会公共服务功能疏解，加快推进“小散乱”等低端业态撤并升级和外迁，有效控制人口规模，缓解水资源供需矛盾。加大农业产

业结构调整力度，转变农业用水方式，大力发展都市型现代节水农业。

3. 因水制宜，编制节水型社会建设规划。市、区水务部门要按照生产空间集约高效、生活空间宜居适度、生态空间山清水秀的要求，统筹考虑京津冀区域整体功能定位、首都城市战略定位、各区功能定位、经济社会发展需求、区域水资源承载能力以及产业升级转移、社会参与程度等因素，会同有关部门编制节水型社会建设规划，报本级人民政府批准后组织实施。

（二）强化依法治水，全面落实最严格水资源管理制度

1. 严格实行水资源管理考核制度。认真执行《北京市实行最严格水资源管理制度考核办法》，落实各区政府主体责任，细化水资源开发利用控制、用水效率控制和水功能区限制纳污“三条红线”指标，进一步完善水资源管理体制机制。

2. 严格实行水影响评价审查制度。认真开展土地储备项目和建设项目水影响评价审查工作，对于需在地下水严重超采区、集中供水管网覆盖区新增取用地下水的建设项目，一律不予通过审查；对于不具备供水条件的建设项目，一律不予通过审查；对于不按有关规定建设污水处理设施的建设项目，一律不予通过审查。

3. 严格实行节水“三同时”制度。新建、扩建、改建建设项目要遵循绿色循环低碳的理念，配套建设节水设施，并保证其与主体工程同时设计、同时施工、同时投入使用。市、区有关部门要严格审查建设项目节水设施方案和施工图，加大施工、监理、竣工验收等环节的监管力度，对节水设施未经验收或验收不合格的建设项目，不予核定用水指标，供水单位不予供水；验收合格的项目，要由建设单位会同运营单位制作节水设施清单并建立运营维护机制，确保节水设施正常运行。

4. 严格实行取水许可制度。依法加强取水许可审批管理，控制取水总量，严禁在地下水严重超采区新增地下水取水量。严格凿

井审批管理，公共供水管网覆盖范围内的用水户一律使用管网水，不再批准新增自备井，同时加快推进已有自备井置换工作；实行农业灌溉机井总量控制、增减挂钩，不再批准新增农业灌溉机井。

5. 严格实行依法节水和水污染防治制度。市水务部门要会同市有关部门和各区政府，综合运用法律、经济、行政、科技等手段，统筹“节水”与“洁水”监督管理；进一步健全节水与水污染防治法规和执法体系，划定水体保护线，逐级明确执法主体和任务分工，加强联合执法，严肃查处违法违规取用水和排污行为。

（三）强化行业节水，全面提高重点领域节水水平

1. 加强工业节水管理。制定主要工业产品用水定额地方标准，严格控制工业用水总量。不断加大节水领域技术改造力度，加强冷凝水、冷却水循环利用，扩大再生水应用范围。到 2020 年，全市万元工业增加值用水量从 2014 年的 13.6 立方米降到 10 立方米以下。

2. 加强建筑工程节水管理。统筹做好各类建筑工程用水监督管理工作，规范取水定额，从严控制新水取用量，优先使用再生水。积极采取帷幕隔水等新技术、新手段限制建筑工程施工降水；确需施工降水的，要做到抽排水计量收费、综合利用，优先用于施工现场和城市景观，严禁直接排入污水管网。市水务、住房城乡建设、发展改革、财政等部门要抓紧研究制定施工降水计量收费管理办法。

3. 加强公共服务业节水管理。市有关单位要密切沟通、积极协作，全面推进公共服务业节水型单位创建工作。到 2020 年，该领域节水型单位比例不低于 60%。逐步完善公共服务业用水户分级计量管理体系，大力推广智能 IC 卡用水计量收费系统。

4. 加强特殊用水行业和用水大户监管。按照“总量控制、以量计征”的原则，进一步强化以用水户为单位的用水计划管理。积极应用科技监管手段，督促以水为原料的生产企业、人造滑雪场、

高尔夫球场、洗浴场所等高耗水单位以及年用水量5万立方米以上的用水户安装用水数据远程传输设备，确保用水总量控制严格、计量收费科学准确。

5. 加强农业综合节水管理。全面推进设施节水、农艺节水、机制节水和科技节水，使节水在提高土地产出率、劳动生产率和资源利用率方面发挥积极作用。按照“细定地、严管井、上设施、增农艺、统收费、节有奖”的建管模式，加强农业用水总量控制和用途管制，积极推广喷灌、微灌等高效节水灌溉和旱作农业节水技术，努力实现农业高效节水设施和农用机井计量设施全覆盖。加快推进养殖业节水改造，大力推广生态养殖。到2020年，全市农业用新水量由2014年的6.9亿立方米下降到5亿立方米以下。

6. 加强园林绿化事业节水管理。要选栽具有生态功能、环境适应能力强的树木、花草，配套建设微灌、喷灌等节水灌溉设施。加强绿地林地雨水、再生水等非常规水资源利用设施建设，积极打造集雨型绿地林地。到2020年，城市绿地林地实现日降水量100毫米不外排，城六区公共绿地使用非常规水资源灌溉比例不低于50%。

（四）强化基础设施建设，全面提高水资源综合利用效率

1. 加强供水设施改造及运行维护。继续实施供水管网更新改造工程，最大限度减少“跑、冒、滴、漏”现象，努力降低漏损率。强化用水计划管理基础工作，到2020年，市政市容、园林绿化等领域全面实现装表计量、按量收费。

2. 全面推广生活节水器具。继续开展节水产品质量提升与推广行动，强化生产、销售等环节的监督管理，严禁国家明令淘汰以及不符合节水标准的用水器具进入市场。市水务局、市质监局要制定出台高效节水型生活用水器具指导目录。加大政府支持力度，采取财政补贴方式，在老旧小区、农村地区大力推广使用节水器具。

3. 全力推进“海绵城市”建设。深入贯彻《国务院办公厅关

于推进海绵城市建设的指导意见》（国办发〔2015〕75号），结合城市开发、旧城改造、市政基础设施及公共服务设施建设，加快实施“渗、滞、蓄、净、用、排”相结合的雨洪水控制与利用工程，降低硬覆盖率，提升地面蓄水、渗水和涵养水源能力。中小河道治理、生态清洁小流域建设、高标准农田建设及绿化造林等工程，要统筹考虑防汛安全和雨洪水利用，建设相关配套设施，实现雨洪水自然蓄积、自然渗透、自然净化，提升防洪排涝能力，改善自然生态环境。市水务局、市规划委要会同市住房城乡建设委、市园林绿化局、市市政委、市容委等部门，编制“海绵城市”建设规划，报市政府审定后组织实施。

4. 加大再生水循环利用力度。全面落实《国务院关于印发水污染防治行动计划的通知》（国发〔2015〕17号），加快全市再生水循环利用工程及其配套设施建设，再生水输配管网覆盖范围内的工业生产、城市绿化、道路清扫、车辆冲洗、建筑施工及生态景观用水一律使用再生水。健全有利于促进再生水利用的价格机制，不断提高再生水利用率。各区政府要加强对城镇再生水利用设施和农村污水处理设施的运营维护管理，完善配套制度，落实专项资金，确保设施正常运转。到2020年，全市再生水利用量由2014年的8.6亿立方米增长到12亿立方米。

（五）强化综合施策，全面提升节水型社会建设效果

1. 充分发挥教育宣传引导作用。坚持教育先行，将水情教育作为中小学教育和公务员培训的重要内容。坚持示范引领，各区政府和行业主管部门要扎实推进节水工作“进机关、进部队、进乡村、进企业、进校园、进社区、进家庭”活动，建设一批节水教育基地，树立一批节水典型，充分发挥其示范引领作用。加强舆论引导，通过节水大讲堂等群众喜闻乐见的形式，营造节约用水的良好氛围，使节约用水成为每个单位、每个家庭、每个公民的自觉行动。

2. 充分发挥经济杠杆促进作用。严格执行非居民用水超定额、超计划累进加价政策和特殊行业用水水价政策，全面落实居民用水阶梯水价政策，健全农村生活用水价格及收费管理机制，研究调整水资源费征收标准。开展农业水价综合改革，规范农业用水收费，提高农业用水效率。按照节能节水专用设备企业所得税优惠目录，落实有关税收优惠政策。

3. 充分发挥科技支撑作用。依托首都科技人才优势，推动节水技术创新。按照产学研用一体化的发展思路，通过政府购买服务、制定奖励和支持政策等方式，鼓励企业、科研院所、高等学校开展协同创新，积极研发先进节水技术和产品。不断健全用水定额等节水技术标准体系，完善节水技术推广服务网络。加强区域合作和对外交流，积极引进推广先进节水技术和经验。

4. 充分发挥社会监督作用。市、区水务部门要建立违法取用水及浪费水资源监督举报机制，并加大对有关行为和案件的曝光力度。定期邀请人大代表、政协委员开展节水检查，积极听取科研院所、高等学校有关专家和社会志愿者对节水工作的意见建议，不断改进方式方法，推动节水工作取得新成效。

三、保障措施

（一）加强组织领导，健全工作体制

强化部门管理责任和各区政府主体责任，实现权责分明、政策协同，合力推进节水型社会建设。市、区两级政府要分别成立节水型社会建设协调小组，统筹指导相关工作，并将节水目标任务纳入政府绩效考核体系。

市、区两级水务部门承担本级政府节约用水办公室及节水型社会建设的日常工作，要进一步健全机构，加强对节水工作的监督管理和业务指导，为节水型社会建设提供有力组织保障。

（二）加强政策引导，鼓励社会参与

统筹政府、社会、市民三大主体，提高各方参与节水型社会建设的积极性。市有关部门要研究建立节水型社会建设激励政策，对在节水型区创建、居民家庭节水、农业节水等方面做出突出贡献的区给予奖励；各区政府要充分发挥公共财政在节水型社会建设中的重要作用，建立节水投资稳步增长机制，切实保障资金投入；通过签订节水合同服务、授予节水项目收益权、探索建立水权交易制度等方式，积极拓宽投融资渠道，吸引社会资本参与节水设施设计、建设、运营和维护，发挥市场在节水型社会建设中的重要作用；鼓励市民通过各种方式参与节水型社会建设，促进共治共管、共建共享。

（三）严格节水型区创建考核管理

到 2020 年，各区政府要按照节水型区创建考核评定办法和有关评定标准，全面完成节水型区创建工作。市水务部门要会同有关部门做好节水型区创建验收工作，并实行动态管理，一年一评估、三年一复验，确保各项工作一抓到底、见到实效。

参 考 文 献

安淑新，2011. 国外智库管理运行机制对我国的启示［J］. 当代经济管理，5（33）：88-93.

班茂盛，方创琳，等，2008. 北京高新技术产业区土地利用绩效综合评价［J］. 地理学，2（63）：175-184.

财经网，2015. 中国智库建设十一大经典案例［EB/OL］. http：//money.163.com/15/0326/14/ALKVN3D000253BOH.html，03-26.

巢礼义，2007. 湖南省水资源可持续利用综合评价［D］. 长沙：湖南师范大学.

陈念红，曹暕，2010. 中国不同奶牛养殖规模的技术效率分析［J］. 湖南农业大学学报（自然科学版），36（1）：54-59.

陈莹，黄琛莹，2014. 武汉市土地集约利用绩效评价研究：1998—2010［J］. 华中农业大学学报（6）：112-119.

成钢，2014. 数据包络分析方法与 MaxDEA 软件［M］. 北京：知识产权出版社.

段春青，刘昌明，等，2010. 区域水资源承载力及研究方法的探讨［J］. 地理学报，1（65）：82-90.

改革杂质社专题研究部，2012. 智库的起源、历程及趋势［J］. 重庆社会科学，10（215）：102-110.

甘泓，秦长海，等，2012. 水资源定价方法与实践研究：水资源价值内涵浅析［J］. 水利学报，3（43）：289-297.

郭岚，2013. 国外智库产业发展模式及其演化机制［J］. 重庆社会科学，3（220）：121-127.

国家发展改革委，水利部令，2003. 水利工程供水价格管理［EB/OL］. http：//www.bjwater.gov.cn/pub/bjwater/zfgk/zcfg_1/bmgz/201509/t20150907_264161.

html，07-03.

国家发展改革委宏观经济研究院课题组，2010. 地方政府融资研究［J］. 宏观经济研究（6）：6-12.

国炜，2016. 资源税改革“试水”后继将有四大难点［EB/OL］. 财会信报，http：//www.e521.com/wrtt/448936.shtml，02-13.

洪冬敏，2014. 水资源税收制度构想［D］. 蚌埠：安徽财经大学.

吉亚辉，张浩文，等.2012. 基于数据包络分析的兰州市水资源效率评价［J］. 资源与产业，14（1）：49-52.

姜文来，1999. 水资源价值对水利工程经济评价影响研究［J］. 水科学进展（4）：423-427.

姜文来，2004. 初论水资源管理学［J］. 中国水利（3）：27-29.

姜文来，2004. 水资源管理学初探［J］. 海河水利（1）：1-3+7.

姜文来，雷波，唐曲，2005. 水资源管理学及其研究进展［J］. 资源科学（1）：153-157.

姜文来，唐曲，雷波水，2004. 资源管理学导论［M］. 北京：化学工业出版社.

鞠秋立，2004. 我国水资源管理理论与实践研究［D］. 长春：吉林大学.

雷波，刘钰，等，2009. 农业水资源利用效用评价研究进展［J］. 水科学进展（9）：732-739.

李健英，慕羊，2015. 基于DEA方法的我国上市企业创新绩效研究［J］. 科学学与科学技术管理，2（36）：110-121.

廖虎昌，董毅明，2011. 基于DEA和Malmquist指数的西部12省水资源利用效率研［J］. 资源科学（2）：273-279.

刘成果，2015. 中国奶业年鉴2014［M］. 北京：中国农业出版社.

刘春生，廖虎昌，2011. 美国水资源管理研究综述及对我国的启示［J］. 未来与发展（6）：45-50.

刘芳，路永强，何忠伟，等. 北京市奶牛养殖业发展路径选择研究［C］. 首届全国奶牛精细化管理高峰论坛暨奶牛精细化饲养关键技术与设施设备研讨会论文集，21-28.

刘喜华，2007. 全要素生产率测度的数据包络发［EB/OL］. 青岛统计学会，http：//www.stats - qd.gov.cn/tjxuehui/news/20085161104146151l.asp?

typeid=1154&videos=，09-10.

柳顺，杜树新，2010. 基于数据包络分析的模糊综合评价方法 [J]. 模糊系统与数学 (2)：93-99.

龙胤慧，2013. 典型草原区水资源承载能力评价方法 [D]. 邯郸：河北工程大学.

鲁斐，2007. 水资源利用绩效评价 [D]. 哈尔滨：哈尔滨理工大学.

马克和，2015. 国外水资源税费实践及借鉴 [J]. 税务研究，5 (363)：116-120.

马立杰，2007. DEA 理论及应用研究 [D]. 济南：山东大学.

马占新，2013. 数据包络分析及其应用案例 [M]. 北京：科学出版社.

闵文庆，成升魁，等，2002. 全球化背景下的中国水资源安全与对策 [J]. 资源科学，4 (24)：49-56.

潘冰，2007. 辽宁省水资源足迹的计算及评价 [D]. 大连：辽宁师范大学.

十二届全国人大二次会议开幕会：2014 年政府工作报告 [EB/OL]. 人民网，http://lianghui.people.com.cn/2014npc/n/2014/0305/c376646-24535026.html，2014-03-05.

时留海，2008. 公共管理视野下的水资源配置模式研究 [D]. 上海：复旦大学.

市水务局：北京地下水超采 15 年 [EB/OL]. 新京报，http://epaper.bjnews.com.cn/html/2014-04/26/content_508785.htm?div=-1，2014-04-26.

数据包络分析简介 [EB/OL]. 互动百科，http://www.baike.com/wiki/dea.

水利部，中国农业发展银行联合印发《关于用好抵押补充贷款资金支持水利建设的通知》 [EB/OL]. 新华网，http://news.xinhuanet.com/politics/2016-01/06/c_128601935.htm，2016-01-06.

宋松柏，2003. 区域水资源可持续利用指标体系及评价方法研究 [D]. 杨凌：西北农林科技大学.

孙爱军，董增川，等，2007. 基于时序的工业用水效率测算与耗水量预测 [J]. 中国矿业大学学报 (4)：45-50.

孙才志，刘玉玉. 2009. 基于 DEA_ESDA 的中国水资源利用相对效率的时空格局分析 [J]. 资源科学，31 (10)：1969-1703.

孙慧，2010. 从国际经验看我国地方政府融资平台发展创新［J］. 国际经济合作（10）：60-63.

唐丽，2010. 浅析北京市农民参与式水务管理的发展［J］. 中国农村水利水电（10）：130-134.

王浩，王建华，等，2012. 中国水资源与可持续发展［J］. 中国科学院院刊，3（27）：352-360.

王卉彤，2006. 地方政府融资手段，［EB/OL］. 新浪财经，http：//finance.sina.com.cn/review/20060222/14492363691.shtml，02-22.

王晶，孙锋，等，2015. 推进一流水利智库建设的认识与思考［J］. 水利发展研究（7）：37-41.

王敏，李薇，2012. 欧盟水资源税费政策对中国的启示［J］. 财政研究（3）：57-61.

王亚华，2013. 中国用水户协会改革：政策执行视角的审视［J］. 管理世界（6）：61-75.

王瑶，张天琪，谭利芬，等，2013. 北京郊区农民用水协会运行状况调查与浅析［J］. 北京农业职业学院学报，27（1）：61-64.

王之盛，2009. 奶牛标准化规模养殖图册［M］. 北京：中国农业出版社.

魏权龄，1988.. 评价相对有效性的 DEA 方法——运筹学的新领域［M］. 北京：中国人民大学出版社.

夏莲，石晓平，2013. 农业产业化背景下农户水资源利用效率影响因素分析——基于甘肃省民乐县的实证分析［J］. 中国人口·资源与环境（12）：111-119.

新华网，2015. 关于加强中国特色新型智库建设的意见［EB/OL］. http：//news.xinhuanet.com，01-21.

叶世绮，莫剑芳，等，2004. 确定 DEA 指标体系的 B-D 方法［J］. 暨南大学学报（自然科学版）（3）：249-258.

岳立，赵海涛，等，2011. 环境约束下的中国工业用水效率［J］. 资源科学，33（11）：2071-2079.

张利平，夏军，等，2009. 中国水资源状况与水资源安全问题分析［J］. 长江流域资源与环境，2（18）：117-122.

张学炜，李德林，2014. 规模化奶牛场生产与经营管理手册［M］. 北京：中国农业出版社.
赵薇莎，2006. 论我国水资源管理体制的完善［D］. 北京：中国政法大学.
郑芳，2013. 新疆农业水资源利用效率的研究［D］. 石河子：石河子大学.
中国社会科学院财经战略研究院，2014. 以水资源税费改革推动资源税转型升级［EB/OL］. 中国社会科学报，http：//www.npopss-cn.gov.cn/n/2014/0416/c219470-24904641.html，04-16.
朱华峰，2007. 公共管理视野下的水资源配置模式研究［D］. 苏州：苏州大学.